聖書セミナー

No.11・2001

ヨハネの世界
―福音書・手紙・黙示録の歴史と神学思想―

土戸　清

発　行　所

財団法人 日本聖書協会

東京都中央区銀座四丁目5番1号

2003

聖書セミナー　No.11

発行所　財団法人 日本聖書協会
東京都中央区銀座四丁目5番1号

Printed in Japan
印刷・製本：文唱堂印刷

目次

ヨハネの世界

——福音書・手紙・黙示録の歴史と神学思想——

土戸　清

一　一世紀のユダヤ人共同体とキリスト教徒

1　ヨハネの世界というときの問題点について

聖書セミナーが、五回の講義ですので、今日第一回目は「一世紀のユダヤ人共同体とキリスト教徒」、二回目が「ヨハネの世界とは」という主題で、「ヨハネとその教団の歴史的展開」、三回目が「ヨハネによる福音書の歴史とその中心的神学思想」で、これが、ヨハネ福音書の中身となります。四回目が「ヨハネの手紙一、二、三の歴史と神学」です。去年三月に日本基督教団出版局から『新約聖書略解』(二〇〇〇年三月、日本基督教団出版局)が出版されましたが、わたしがヨハネ第一、第二、第三の手紙を担当いたしました。その中でヨハネの手紙一、二、三の歴史的背景と思想の特徴についても執筆しましたので、それを核にして、四回目はお話しさせていただこうと思っています。そして五回目が「ヨハネの黙示録の歴史と神学」(同じように歴史的な背景と中心的な思想)を扱います。まず最初にレジュメに記しました序の1の「ヨハネの世界というときの問題点」と2の

「問題の関心」について述べます。

ヨハネ福音書とヨハネの手紙を、ひと昔前の聖書学の分野ではヨハネ文書（Johannine Literature）と総称し、その中に、ヨハネの黙示録も入れていました。しかし二十世紀に聖書学は著しく発達しました。とりわけ、二十世紀の中頃からは、ヨハネ黙示録は独立して扱う傾向となりました。

しかしわたしが、今五つに分けた主題のなかで、五番目のヨハネ黙示録は、学問的には除いているにもかかわらず、ここで取り上げようとしたのは、以下の理由からなのです。これは、わたしが『新共同訳新約聖書略解』の「緒論」、「緒論学」に相当することを、紙面の制約があり、ごく簡潔に記しましたので、この講座の四番目のときにその話を少し、敷衍して、述べさせていただこうと思っております。ヨハネ福音書と三通のヨハネの手紙と、ヨハネの黙示録の、文体、用語、思想の、類似点はあっても、その相違の大きさから同一著者といえないだけではなく、相互の神学思想の関係の希薄さが、近年主張されてきました。しかし、ここでは、古代教会の伝承に依拠するという古いタイプの緒論学を書いた人たちと違った観点から、「ヨハネ福音書」の歴史という新しい枠組（地域的視点から）、すなわち、古代の二世紀三世紀、四世紀の教父たちをはじめとする初期教会の指導者たちによる伝承に依拠するのではなく、最近の紀元一世紀から二世紀にかけてのヨハネ福音書記者と、ヨハネ福音書記者を指導者とする、ヨハネの教団はパレスティナ、シリアの国境地域（ちょうど今のシリアとレバノン）とトルコの一番シリア側から、エフェソ、すなわち、トルコのエーゲ海側のところ、（エフェソの古代の史跡が今日、広大な史跡の発掘をみております）のあたり一帯を移動していく、その地理的・歴史的枠組から見直してみたいのです。エフェソあるいはその周辺が、ヨハネ福音書記者の晩年とヨハネの手紙一、二、三の著者の宣教活動の拠点であると、ここ二、三〇年のヨハネ福音書と手紙の研究成果から推定されています。このように小アジアの西岸に位置するギリシア・ローマ時代の大都市、エフェソとその都市、周辺の村々がかなりヨハネ教団の定着した地域であると想定する蓋然性の高い仮説を立てることが可能なのです。しかも同じ小アジア西岸の、エーゲ海のトルコ寄りのところに、これも有名な、ヨハネ黙示録を書いた人が、「わたしはパトモス島で黙示録を書いている」というくだりがありますが、このパトモス島で書いたということは、だれも否定する人はおりません。わたしもそう思っています。パトモス島はエフェソの近くです。シリア、パレスティナの国境あたりから、小アジアを経て、海上交易のルートを用いて行ったか、陸地を行ったかということについては、議論の余地があります。しかし、近海の海上貿易が活発に行われていたことを想定できる資料が近年発見されていることから、航路による交流がなされていたと考えることは可能なのです。ヘブライ大学を中心とするユダヤ人の学者と国際新約学会のキリスト者の学者とが共同で刊行した（わたしはその書の翻訳者の一人ですが）、大著『総説・ユダヤ人の歴史』（上、中、下）（土戸、長窪、川島他共訳、新地書房、一九八九―一九九二）が、その間の史的事情を明らかにしています。一、二の具体例をあげますと、最近日本人がよく訪れるイタリアの都市ナポリの郊外にある、今なお発掘、出土が続いているポンペイから、アンフォラという両把手つきの壺（アンフォラ）の大小いろいろのものが発掘されていますが、その中の大きな壺に「コシェル」、すなわち、ユダヤ人の食物規定に従った魚のソースをポンペイから、すなわち、イタリア半島の真ん中あたりから地中海を通って、パレスティナ地方に輸出していたという証拠資料も発見されたのです。さらに、その書物は、聖書の時代に既にスペインにユダヤ人の集落があり、そこからタピストリー職人を含むユダヤ人の集落が発見されたことをその書は資料と共に示しています。それほど、現代人であるわたしたちが考える以上に地中海貿易は盛んだったのです。それゆえ使徒言行録などに書かれていますパウロの旅行が、海路を用いて活発に展開されたことは、陸地を通った場合もあるでしょうが、決して、不可能でなかったどころか、史実に即していると、言ってよいかと思います。パトモス島がヨハネの黙示録の著者ヨハネの執筆場所であることを勘案しますと、そのヨハネ文書の地理的関係やあるいは文書的な関係を新たに見直す必要があるとも言えるのです。かつては文体や思想に関係ないからと分けて考えられていましたが、紀元一世紀前後の経済的政治的な事情、民族の交流のことを考え合わせますと、もう一度見直してもいいのではないかと思い、五回目にヨハネの黙示録を入れたわけです。

さらにもう一つ付け加えますと、『略解』を執筆するとき、いつ、どこで、だれが、何を、どういう目的などを叙述する従来の「緒論学的書き方」を一切省いたのです。そういうことよりもヨハネ福音書記者と、その後継者であるヨハネの手紙の著者たちが、どのような歴史的な過程を経てエフェソ周辺の村々に定着していったかという歴史を描けるならば、どこで、だれが、何をしたかということは、すぐ理解できるからです。紀元六六年から七〇年のユダヤ民族の対ローマの「独立戦争」［(ローマ側から見れば「大反乱」)、わたしは「独立戦争」と言っていますが、西洋史家の中には「大反乱」と書く方がいますが全く自由です。その方の歴史理解が反映されています。］が、ユダヤ人社会の一大変化をもたらしました。

対ローマの独立戦争の開始とその結果としてユダヤ民族のアイデンティティを維持する基盤としてのエルサレム神殿が崩壊しました。物理的に崩壊したわけです。しかもエルサレム神殿だけでなく、徹底的なエルサレムの城壁に囲まれた都市が破壊されました。石の文化ですから、破壊されては建築され、ということが繰り返され、現在のイスラエルはこの二千年間に大きな破壊だけでも六回くらい、小規模の破壊を入れれば十数回になります。しかし熱心な学術的、考古学的な発掘によって、かなり、聖書の時代の都市の様子がわかってきています。新約聖書の時代のことだけではなくて、ソロモンによって紀元前（ＢＣＥ）九五八年に起工された第一神殿跡と、バビロンの捕囚から戻ってきた人たちによって紀元前五三六年に再建された第二神殿［それが（ＣＥ）紀元七〇年に徹底的な破壊を受けるまでユダヤ教の人たちは、第二神殿時代という歴史区分の仕方をします］の、ＣＥ七〇年の崩壊の経験は、その後のユダヤ民族の歴史に劇的変化をもたらしたのです。周知のようにユダヤ人社会は二つの中心をもつ楕円にたとえられました。その二つの中心は、神殿と律法です。その神殿が物理的に崩壊するわけですから、中心の一つを失ったことになります。すなわちエルサレム神殿があることによって、ユダヤ教のユダヤ人たちは、サドカイ派や、ファリサイ派、エッセネ派をはじめとする諸教派は、一つのまとまりをみせていました。一九四七年の死海写本の発見以来、イエスの時代の前後がどの時代よりも明らかになりました。もちろん紀元一世紀のユダヤ人歴史家ヨセフスが書いた名著『ユダヤ古代誌』や『ユダヤ戦記』などに、ヨセフスが既にエッセネとサドカイとファリサイという優れたユダヤ教の三つの宗派が存在していたことを書き残しています。復活や終末思想理解が対立するような各宗派が、異なる思想であるにもかかわらず、共存できたのです。政治的にもそうでした。サドカイ派の人たちは当時のエリート層でした。ユダヤ人の社会をローマなどの支配者に対して巧みに維持していくために、政治的な妥協をした貴族も含めた宗派でした。今日から見ればユダヤ民族を維持するのに必要であったとも考えられますので、一概に妥協的であったことを批判できません。それに対して、ちょうど日本でいうと暴力革命を肯定する過激派のように一人一殺と、現代風に言えばテロリストたち、すなわち、テロ行為をしてローマの支配階級に手向かったゼーロータイと、シカリ党が存在しました。イエスの右側に一緒に上げられた、日本語の聖書では「盗賊」と訳されていますが、その文脈におけるギリシア語のレーステースは、恐らく政治的な革命家であったと解釈することができます。ですから強盗と訳すのはいかがなものかと、わたしは思っております。すなわち政治的に右から左、超保守的から最左翼に至るまで、一緒になる場があったのです。

これがエルサレム神殿における宗教祭儀だったのです。すなわち、紀元七〇年以前のユダヤ人社会というのは、さまざまな宗派とさまざまな政党が共存できたのです。それらを一つに統合するものがエルサレム神殿だったのです。ことエルサレム神殿における宗教的な行事のためには、一枚岩になれたのです。しかしその諸分派、諸党派を統合、収斂する場であったエルサレム神殿がローマ軍によって徹底的に破壊されたわけですから、残った中心が一つになります。エルサレムが徹底的な壊滅を受ける直前に少しずつユダヤ人の指導者たちがエルサレムから脱出したのです。律法解釈のうえで重要な役割を果たします、紀元七〇年から八〇年までユダヤ人社会の指導的な地位についたヨハナン・ベン・ザッカイもその一人でした。

七〇年以降は、ヨハナン・ベン・ザッカイという人物が七〇年から八〇年の間、国土を失ったユダヤ人社会のアイデンティティを失わない努力をしました。そのあとを、長期にわたりますが八〇年から一一五年までは、ガマリエル二世が最高位について指導をします。ヤブネ（英語読みではヤムニアといっています）の町に「ヤムニアのラビ・アカデミー」または「ヤブネのサンヘドリン」と後に称される、すなわち、エルサレム神殿についていた最高議会（サンヘドリン）を事実上再興したのです。エルサレムから地中海の間が六〇キロくらいですが、地中海から約六キロから七キロ、エルサレムからですと、西の方、地中海寄りに約五〇数キロくらいのところにヤブネは位置します。わたしは一九七八年にエルサレムのオルブライト考古学研究所に同僚の米国人と滞在して史跡の調査を少しいたしましたが、その折、当時の所長のグリュック博士（旧約学の大家）は、私が「ヤブネにどうしても行きたい」、と申しましたら、「行っても意味ないですよ。あそこは、ただ野原になっているだけで、何もありません」と言われたことを思い出しました。このヤブネというところにヨハナン・ベン・ザッカイの下に続々とラビたちが集まってきて、そこで実質上のローマに敗れたユダヤ人社会を指導するサンヘドリンが再興されたのです。特に顕著な功績を示したのが、ヨハナン・ベン・ザッカイの後を継いだガマリエル二世です。ヤブネのサンヘドリンで解釈した律法の解釈以外は、すべて異端という判断を徹底させたのです。すなわち、ユダヤ教の中に「正統と異端」の問題が起こったのです。ヤブネに再興されたサンヘドリンの、律法解釈が確立して、そこから地中海世界に散っているパレスティナ地方はもちろんですが、ディアスポラのユダヤ人社会にラビを派遣して、そして「ヤブネのサンヘドリン」における解釈以外の解釈をシナゴーグで教えたり、ユダヤ人に説いていたりする人々を異端者と判定したのです。紀元（CE）七〇年以降のユダヤ人社会でキリスト者が異端と認定される仕方を、わたしの恩師のJ・L・マーティン教授が、一九六八年に出版した書物J. L. Martyn, History and Theology in the Fourth Gospel（Nashvill : Abingdon Press., 一九六八、増補改訂版一九七九、邦訳・川島他訳『ヨハネ福音書の歴史と神学』日本基督教団出版局、一九八四年）で明らかにしたのです。それ以来現在に至るまで、国際新約学会のヨハネ研究部門での議論の対象になってきましたが、蓋然性の高い見解と言えます。ユダヤ教とユダヤ人社会を弾圧した者に対する異端者たち（ミニーム）を呪う祈りは紀元前からユダヤ教内にありましたが、その一般的異端者を言い表わす用語と共にクリスチャン名が併記されるようになったのは、このガマリエル二世によるユダヤ教の統治の時代以降のことなのです。

周知のように、二十世紀の偉大な発見としてのグノーシス主義者たちの第一次資料であるナグハマディ文書の発見（一九四五年）とその研究の公表、それから死海文書の［これについては、怪しげな書物も含めてたくさん書かれているわけですけれども、（公表をするのに学問的に不行き届きな頃もあったのでその類いの書物を生む結果になったのですが）］一九四七年の発見から今日に至るまで、整理されては、発表されているのです。こういうことから、聖書の時代の事柄を理解するのに（すなわち、今このセミナーの目的は聖書をどう読むかということですから)、聖書を読む場合の学問的な裏付けが続々と二十世紀の中頃から今日に至るまで今なお出ているのです。

もう一つは、そういうことを踏まえて、三つのことがありました。一つは、今申しました、第一次資料としては、死海写本、それから、グノーシスの資料のナグハマディ文書、それと、『総説・ユダヤ人の歴史』です。原本は大きな二巻本です。もう一つは、一九世紀の終わりから二十世紀の初めにかけてエミール・シューラーという人が書いたイエスの時代のユダヤ人の歴史書です。あの有名なルドルフ・ブルトマンでもユダヤ人のことを調べるときはそれに依拠していたのです。ところが二十世紀になって次々に考古学的発掘があり、それから古代の文書が続々と発見されたことがあって、その大改定版が出ました。わたしたちはそれを新しいシューラーという意味で、「新シューラー」と称しています［Emil schürer (Rev. eds. G. Vermes, F. Millar, M. Black) The History of the Jewish People in the Age of Jesus Christ Vols. I -IV (Edinburgh : T & T. Clark 1973-87)］。

今申しました、M・シュテルンとS・サフライ編著の日本語『総説・ユダヤ人の歴史』、もう一つは、ニューズナーの、二、三冊の方の書物、(これはユダヤ人の学者ですが、そういう方と)オックスフォード大学のE・Pサンダースなどが、ユダヤ教に対するパウロの解釈について、新しい見方を提示しました。そういうことが土台になって、聖書を理解する上で、いつ、どこで、だれが、何を、何の目的で、などという場合に、いわゆる今までの緒論学などの本を読むより、そういう歴史書をご覧になった方がはるかに聖書の背景がわかると言えるのです。

2　問題の関心

「1　ヨハネの世界というときの問題点について」ということに関してお話しをさせていただきました。まだ「序」です。

次に、序2の「問題の関心」というところをお話しさせていただきます。現在ユダヤ教の学者でキリスト教に批判的な方々は、ヨハネ福音書記者と使徒パウロの手紙に対して最も厳しい姿勢でのぞみます。主イエスに対しては、決して批判的であるとは言えません。その理由は、ヨハネとパウロが相当手厳しく同時代のユダヤ教の一部を批判しているからです。わたしたちは今ユダヤ人の学者と一緒に仕事をしております。それを今回の講座の中で少しお話しさせていただこうと思っているのです。聖書自体が反ユダヤ主義（アンティ・ジュダイズム Anti-Judaism）である、あるいは、反セム主義（アンティ・セミティズム Anti-Semitism）である、すなわち、新約聖書それ自体がユダヤ人批判をしているかのような批判がここ二、三〇年間、特に顕著に、ユダヤ人の学者からされてきました。そのうちの代表的なものの一つがL・C・フロイドマン［L. C. Freudmann Anti-Semitism in the New Testament (New York/London : University Press of America, 1994)］です。後に言及します。しかし、わたしたち五人の研究者が日本に翻訳出版した、ヘブライ大学のM・シュテルン（M. Stern）や、S・サフライ（S. Safrai）共編著は、ユダヤ教とキリスト教の学者双方の協力によるものです。その著者中のD・フルッサー（D. Flusser）の論文のいくつかの翻訳の担当をしました。フルッサーの『イエス伝』（武田訳）も最近翻訳されました。

キリスト教側がかなり、ユダヤ教について誤解を与えた点がありますので、その点はキリスト教側も反省しなければならないのです。しかし、新約聖書そのものが反ユダヤ主義を示すと言う主張は間違いです。問題は聖書それ自体にあるのではなく、聖書の記事単元の誤読が主たる原因なのです。キリスト教側もユダヤ教側も新約聖書を「誤読」（ミス・アンダースタンディング、ミス・リーディング）している場合が多いのです。たとえば、ヨハネ福音書の中で、冒頭にバプテスマのヨハネが、ヨルダン川のところで洗礼活動をしています。二か所出てまいります。厳密に言えば三か所かもしれませんが、そのうちの最初のヨハネ一章一九節以下のところに次のように記されています。あのバプテスマ運動をしているバプテスマのヨハネというのはどんな思想の持ち主か、どんなことをやっているのか、見て来るように、ということになります。そして聖書には「さて、ヨハネの証しはこうである。エルサレムの「ユダヤ人たち」が、と、記されているのです。「エルサレムのユダヤ人たちが、祭司やレビ人たちをバプテスマのヨハネのもとへ遣わして、「あなたはどなたですか。」と質問させたとき、」わたしはメシアではないとか、では、あなたはエリヤかというと、あの預言者ではない、とイエスが言ったというやり取りがあるのです。ここで大事なことは、エルサレムの「ユダヤ人たち」が祭司やレビ人たちを派遣していることです。祭司やレビ人たちが選ばれるのはよくわかるのです。なぜならこの人たちは清めの専門家ですから。ですからバプテスマのヨハネが洗礼活動、すなわち、「清め」の活動をしているわけですから、様子を見て来るようにと言うのは筋が通っているのです。死海写本を書き残したクムラン・エッセネ派の人たちが考古学的発掘をみた死海のほとりの史跡が示しているとおり、大水槽がたくさん作られております。それは飲料水だけでなく、「清め」の儀式を毎日のようにしていたからです。このことについて、わたしが写した写真入りで、『新約聖書がわかる』（アエラ・ムック、朝日新聞社刊行、一九九八年）という中でバプテスマのヨハネを担当するように求められた際に執筆しました。すなわち、ここで注目しなければならないのは、エルサレムのユダヤ人が司祭やレビ人たちに命令を出して、行って来るようにと言った記録です。わたしたちは、何気なく聖書を読んでしまいますが、これはこのまま読んだらおかしな話なのです。その先を拾い読みしますが、七章の一節に、「その後、イエスはガリラヤを巡っておられた。ユダヤ人が殺そうとねらっていたので、ユダヤを巡ろうとは思われなかった。」と書かれています。そして、少しその先の方へ行きますと、群衆のあいだでは、イエスは立派だと言う者とそうではないと、あるいは、民衆を惑わす者だと言う者など、イエスのことがいろいろとささやかれていたのです。「『良い人』だと言う者もいれば、『いや、群衆を惑わしている』と言う者もいた」と記されていますが、その先の記事に注意してください。一三節に「しかし、ユダヤ人たちを恐れて、イエスについて公然と語る者はいなかった。」と、書いてあるのです。ユダヤ人がユダヤ人を恐れるとは、どういうことでしょうか。わたしたちは聖書を読む時に、ユダヤ人がユダヤ人を恐れる、というこのユダヤ人とは一体どんなユダヤ人なのか、ということを本気で考えなければならないのです。実はそこが問題で、聖書の中で確かにユダヤ人といわれている問題のユダヤ人もいるわけです。しかし、主イエスもユダヤ人であり、パウロもヨハネもユダヤ人です。すなわち、わたしたちの言い方でいうとパウロもヨハネもジューイシュ・クリスチャン（Jewish Christian）なのですから、ユダヤ教のユダヤ人であった人がキリスト教のユダヤ人になったのがパウロでありヨハネなのです。それゆえユダヤ人がユダヤ人を民族・人種的差別をするわけがないのです。日本人が日本人を差別するという場合は別の要素があって、差別する側の人間性が批判されねばならないのです。しかし、基本的には日本人は日本人、韓国人は韓国人、という場合、韓国人が韓国人を悪いというはずはないのです。あるいは、差別思想をもつはずはないのです。

九章にいきます。九章にはもっとすごいことが書いてあるのです。九章の二二節に、あの、生まれつき目の見えなかった人が癒された、という奇跡の話です。その記事の先のところに、それを追求するユダヤ人が出てくるのです。両親はそれに対して答えた、「これがわたしどもの息子で、生まれつき目が見えなかったことは知っています。しかし、どうして今、目が見えるようになったかは、分かりません。だれが目を開けてくれたのかも、わたしどもは分かりません。本人にお聞きください。もう大人ですから、自分のことは自分で話すでしょう。」と、主イエスに目を癒された息子のことを両親は、追求しているユダヤ人に言うのです。そうすると、その次に続いて、「両親がこう言ったのは、ユダヤ人たちを恐れていたからである。」と記されています。ここにもまた、ユダヤ人がユダヤ人を恐れるというモティーフが出てくるのです。その先がさらにすごいのですが、「ユダヤ人たちは既に、イエスをメシアであると公に言い表す者がいれば、会堂から追放すると決めていたのである。」と記されています。この訳は少し不十分なのです。「会堂から追放することと既に決めてしまっていたのである。」と訳すべきところなのです。ここはもともとは過去完了（pluperfect tense）で書かれています。しかも、「既に」という副詞もギリシア語原典聖書には記されているのです。

ユダヤ人たちが、イエスをキリスト、メシアであると告白したら、会堂追放するということを、少なくともヨハネが福音書を書いている時点では、既に決めてしまっていたのだと、ヨハネ福音書九章二二節の記事は伝えているのです。これは一体どういうことなのでしょうか。あと二つ申しますと、一二章四一、四二節です。「とはいえ、議員の中にもイエスを信じる者は多かった。（これはユダヤ教のサンヘドリンです。ですから、ユダヤ教のユダヤ人の中にもイエスを信じる人はたくさんいたのです）」サンヘドリンを構成している、今でいうと国会議員です。その「議員の中にもイエスを信じる者は多かった。ただ、会堂から追放されるのを恐れ、ファリサイ派の人々をはばかって公に言い表さなかった。」と記されています。今度はユダヤ人が出て来ないで、ファリサイ派の人たちをはばかって、すなわち、「ユダヤ人たち」とファリサイ派に属する人々、すなわち「ファリサイオイ」と、ここでは「ユダヤ人たち」を、何の躊躇もなく、代替可能の言葉として、すなわち、同義語として自由に取り替えて表現されているのです。マタイ、マルコ、ルカ、すなわち共観福音書の中では、サンヘドリンの役職者は、祭司長、律法学者、長老、と出て来ます。これが、主イエスを訴えたり、裁判の場に立ち会ったりした人たちです。これは、史実をよく反映しています。それに対して、ヨハネ福音書には、その組み合わせは出て来ないのです。議会を構成している各派の代表ですから、祭司長たちと出て来たら、律法学者、長老たちと出て来なければならないのですが、祭司長たちやファリサイ派の人々と言う表現が、コンビで出て来るのです。サドカイとか、エッセネとか、ファリサイというのはユダヤ教内の宗派、分派です。議会の役職名ではないのです。その中からメンバーを送っていますが、議会の役職で並べるならば、マタイ、マルコ、ルカが示しているように、律法学者や長老や祭司長などと並べて記す方が史実を反映しているのです。ヨハネは、議会の役職者の一部である祭司長と並べて、宗教の一つの派を併記しているのです。これは、歴史的には奇妙な組合せの描写です。すなわち、わたしが今日申し上げたのは、ヨハネ福音書をそのまま読んでいくと、理解しがたい描写にたくさん出会うということです。しかも、ユダヤ教のユダヤ人学者でキリスト教にあまり好意的でない人、すなわちキリスト教を、アンティ・ジュダイズム（反ユダヤ主義）、あるいは、アンティ・セミティズム（反セム主義）の根源であると見做す人々はこういう箇所を批判するのです。けれどもこのような読み方を、クリスチャンはもちろん、他宗教の人もしてはならないのです。誤読だからです。

あるＴＶドラマで、クリスマス生誕劇を演ずる者の人選に際し、ユダヤ系の人が、幼子イエスとその両親を受け入れない、ベツレヘムの宿屋の主人の役だけは当てないでほしい、と言う場面がありました。イエスを殺したのはユダヤ人だという、イエス・キリスト殺しのレッテル貼りを長い世紀にわたって、キリスト教はユダヤ教の人たちに対してしてきたことの反映が、ああいう文学作品の中やＴＶのドラマや、物語の中に出て来るのです。

この聖書セミナーは、学的レベルの大変高いセミナーだということで、安心して、最近の国際学会の様子など、問題になっていることなども含めながらお話しさせていただいております。今世紀の一連の世界史的諸事件の示しておりますように、東西の冷戦構造、いわゆるイデオロギーの対立の時代が終わって、二十一世紀は、民族とその背景としての諸宗教の相互理解と協調の時代に入ると想定されています。それは、十分予測できます。わたしもそのことに期待しております。ですからわたしは、世界の各地において、もし各民族の歴史とその解釈が恣意的に（身勝手に）行われて、それを根拠に自分たちの民族や自分たちの権利を主張するならば、恐らくまた世界規模でのカオス（混沌）をもたらすであろう、と言ってよいかと思います。ですから民族とその宗教間の相互承認、お互いがお互いを認めることを各民族や国家が為して、はじめて、「愚行の歴史」の繰り返しを回避できるのです。同じ兄弟姉妹宗教であり、地球規模の影響力を有するユダヤ教と、キリスト教と、イスラム教、この三つは地球の人口の五分の三の人々の歴史文化経済その他あらゆることに関係しているのです。あるいは、同じく優れた世界宗教の一つである仏教をはじめとする、歴史的な批判に耐えてきた各国の伝統宗教というのは、真理契機がありますから、わたしにとってキリスト教において示されている信仰の内容そのものは絶対ですけれども、そういう人々の宗教も尊敬を払わなければならないのは当然です。そのようなものの見方、考え方の「支点」が、将来一層求められるだろうと思っております。そのために各宗教の特質と、歴史的かかわりの解明がさらに求められていく必要があると思っています。わたしはこういうセミナーが開かれていることの意義の一つは、本当に学問的に確かなものが伝えられていくことにあるかと思っています。さらに、ユダヤ教やユダヤ人の歴史研究が長年にわたりキリスト教徒の学者に独占され、客観的であらねばならない歴史や神学思想の解明に公平さを欠いたことが昨今鋭く指摘されはじめました。そのことを、今日実はお手元の資料1に書きました。この資料

1は長窪氏と川島氏とわたしの三人（一章ずつ故関根正雄、池田裕両氏が担当）がこの『総説・ユダヤ人の歴史』を訳すときに訳者の「前書き」として、書いたものです。そこに今お話ししていることが書かれています。

すなわち宗教史学派を代表するW・ブーセットとか、A・フォン・ハルナック（ハルナックは有名な教会史家です）やエミール・シューラーのような偉大な天才的歴史学者でさえも、キリスト教的歴史神学を学的前提としている限りにおいてはその学問的業績は批判と再検討の必要を今日迫られているのです。周知のように、ユダヤ教とキリスト教は姉妹宗教です。しかし、キリスト教の成立以来この二つの宗教は過去二千年にわたり、誤解と憎悪と闘争の歴史であった、といっても過言ではありません。国民や民族の宗教感情を利用して、特定の政治目的や独裁者の国民統合の手段として、力による支配を望む者は宗教を利用します。（為政者と原理主義者が結託するのもその時なのです。）キリスト教の原理宗教もあります。今なお、そういう新々宗教、キリスト教と称する怪しいものもあるわけです。先般、わが国を代表する画家の平山郁夫氏などがユネスコを通して破壊中止要請をしたにもかかわらず、仏教の歴史遺産をミサイル攻撃したグループ、タリバン（イスラームの原理主義の一派）もその一つです。これらが宗教的原理主義者です。イランもイラクの一部の政治家も宗教の原理主義者と結び付いて政治的に利用する、あるいは、利用される、ということをしてきているのです。これらの原理主義が克服されない限り、わたしは、ユダヤ教、キリスト教、イスラームは協力して世界平和に貢献できないと思っています。劇的な出来事が生起しない限り、協調できるようになるには、あと半世紀か一世紀くらいかかるのではないかと思っております。国民や民族の宗教感情を利用して特定の政治目的や独裁者の国民統合の手段として、宗教を利用する各国の独裁者は、他民族とそれに固有の宗教に対する蔑視と偏見を植え付け自らと異なる宗教の迫害に意を用いてきたことが大きな要因です。このたぐいのことをキリスト教徒も行ってきたのです。キリスト教徒も反省しなければならないことがこの二千年間に多くあるのです。ヒトラーのユダヤ民族に対するホロコーストにつながったこともその一つです。ですから、第二次世界大戦後四、五〇年はユダヤ教とキリスト教の学者の間ではその反省から、国家権力と癒着したキリスト教側の「ユダヤ人のイエス（キリスト）殺し」というレッテル貼りや、その際、初期キリスト教時代を「ユダヤ人によるキリスト教徒迫害」や「ユダヤ教徒とキリスト教徒の抗争」などに言及している新約聖書をはじめとする初期キリスト教諸文書中の記事単元の誤読によることもその原因の一つであったとの反省が今日なされているのです。すなわち聖書をキリスト教側も、ユダヤ教側も、読むときに間違って読んでしまうと、他民族・国家に対する偏見を与えてしまうのです。（今日聖書セミナーに来られた方々は多分そうでない訓練を受けておられると思いますが、さらにわたしはそれに付け加えて今回わたしの役目を果たさせていただこうと思っています。）聖書の中のどういうところが一体問題なのか、どう解釈すべきなのか、ということをこの講座で取り上げさせていただきたいと思います。こうした状況の中でわたしが、ユダヤ教徒とキリスト教徒双方の国際的に優れた学者による学的に公平な聖書の時代のユダヤ人の歴史解明のために企画刊行された前述の『総説・ユダヤ人の歴史』の中巻の校正をしていたときに、プリンストン大学神学部教授（新約学の教授ですがこの方の書物も最近二、三冊わが国において翻訳されています）チャールスワース博士から、『ユダヤ人とキリスト者、その過去現在未来の探求』、Jews and Christians : Exploring the Past, Present and Future (ed. by J. H. Charlesworth : New York : Crossroad, 1990) という書物が送られてきました。

まだ訳されておりませんが、『聖書と教会』三二一号、（日本基督教団出版局、一九九二年）に、新刊ニュースとして紹介いたしました。この書物の初めの四つの論文は、日本人学者が十名程選ばれて会員となっております国際新約学会に属する学者・研究者たちが、紀元七〇年前後の、すなわち紀元一世紀のユダヤ人社会の背景、歴史的なことを明らかにしてきたことと関係している内容の論文集です。二十世紀に発見された歴史資料や文書を土台にしてなされた研究成果が、そこには記されています。D・M・スミス博士（デューク大学教授）、J・C・ベーカー博士（プリンストン大学教授）など九名の学者による共同研究の書です。［実はこのベーカー博士スミス博士たちとわたしは、一九九〇年に一緒にアメリカのアビンドン社からヨハネとパウロ研究についての共著を出しました。The Conversation Continues : Studies in Paul and John, eds. R. T. Fortna and B. R. Gaventa,（Nashville : Abingdon Press, 1990.)］この議論に参加するようにという、チャールズワース教授の要請の手紙がつけられてわたしにその著作が送られてきました。その後、これは英文で出したのですが、「新約聖書の中に反セム主義思想というのはあるか」という題で、日本聖書学研究所の欧文雑誌に発表したものK. Tsuchido, "Is there Anti-semitism in the Fourth Gospel?" in Annual of the Japanese Biblical Institute Vol.XXI. Tokyo, 1995をその人たちに送って、そして議論の対象になったのです。そのような事情から、一九九〇年代の初めにユダヤ教とキリスト教の協調のための二つの学的業績に触れ得たとの思いでした。それゆえ、二十一世紀においては、初期キリスト教文書の記事単元の内容とその解釈を再検討することが、我々の課題の一つになるであろうと思っています。また、それを今回の聖書講座で取り上げてみたいと思っています。そして、ユダヤ教の学者とプロテスタントもカトリックも含めてキリスト教の学者が、四人の方の聖書に関するところだけ、その雑誌で簡単に紹介したのです。カトリックの枢機卿の一人（C・M・マティーニ）もこのシンポジウムに参加しております。一九八七年、ですから十三、四年前に、米国のフィラデルフィアで開催されて、この書物自体は一九九〇年ですから一〇年ほど前に出版されています。レジュメの本論にまだ入っていませんが、序の終わりの、結論だけ申します。ヨハネ福音書に、新約聖書は周知のようにギリシア語で書かれていますので原語で申しますと、ホイ・ユーダイオイ（hoi Ioudaioi）と、ユーダイオスの複数形で出てきますから、「ユダヤ人たち」、としか訳しようがないわけです。ですから、新共同訳聖書も含めて、今までの日本語の聖書はもちろんのこと、ドイツ語であっても英語であっても、各国の書物は「ユダヤ人たち」と訳してしまうのです。しかしこれが誤解のもとで、ユダヤ人に対する歴史的偏見を生む要因をなし、且つ、ユダヤ教のユダヤ人の学者からみると、新約聖書は偏見を植え付けているということになるのです。すなわちこの語を聖書の翻訳を試みる者が説明なしに、「ユダヤ人」と訳してしまうと、民族としてのユダヤ人、と判断されてしまいますので、誤解を生む原因となります。それゆえ、教会の指導的な方々、あるいは教会学校やキリスト教（主義）学校の先生方は注意をする必要があります。アメリカの小・中・高の公教育における差別用語と思想、特にユダヤ人に対する差別的な発言を取り扱った著作、とりわけ宗教用語の問題などの研究がボストン大学の研究者により公刊されました。P. A. Cunningham, Education for SHALOM : Religion Textbooks and the Enhancement of the Catholic and Jewish Relationship (philadelphia : The American Interfaith Institute, 1995) それも実はチャールスワース教授から（アメリカン・インターフェイス・インスティテュートといいますけれども、わたしはそれを「アメリカ共通問題研究所」と訳しています）送られてきたのです。アメリカの学校教育における、聖書の中の今申し上げているような問題についての調査と分析と論評で博士論文です。わたしが興味をいちばんもちましたのは、最先端の公教育におけるキリスト教とユダヤ教の問題の中にも、そういう最近の聖書学の学問的な結論、成果、というものがふんだんに取り入れられていることです。そして、ユダヤ教側とキリスト教側の本当によい協力関係が学校教育にも取り入れられていることがわかりました。民族・国家間の誤解と偏見を取り除くための資料を現代の聖書学の成果が提供している証左なので、紹介させていただこうと思っているのです。結論の一番目は、ヨハネ福音書における「ユダヤ人たち」（ホイ・ユーダイオイ）は、民族としてのユダヤ人ではなく（そう訳してはいけないということです）、ヨハネ福音書記者の編集の座を反映する、すなわち、ヨハネ福音書記者が福音書を書いたときの歴史的な、社会的な状況を反映する、抗争相手としての特定のユダヤ人共同体、あるいは、ヨハネ福音書記者とその集団を迫害する、ディアスポラのユダヤ人社会の権力を行使する当局者を意味しているのです。ですから「ユダヤ人たち」と訳してしまうと、誤解を与えてしまうのです。したがって、ヨハネ福音書に出ているヨハネ福音書記者による「ユダヤ人たち」（ホイ・ユーダイオイ）を一般的ユダヤ民族批判に置きかえるのは、聖書解釈上的確とは言えないのです。すなわち、ユダヤ人の学者の人たちがすべてではないのですが、今言及いたしました、キリスト教に対してかなり攻撃的なユダヤ人の学者たちに対する反論をわたしは書いたのです。アンティ・ジュダイズムあるいはアンティ・セミティズムの根源なのだ、と主張されている聖書の記事単元の読み方、解釈の仕方としては不十分である、ということを証拠を示して論じたのです。

次に一九六八年に、わたしの恩師のＪ・Ｌ・マーティン教授の業績の発表［Ｊ・Ｌ・マーティンの『ヨハネ福音書の歴史と神学』(History and Theology in the Fourth Gospel, 1979)、これの増補改訂版を川島氏と原氏が訳され、日本基督教団出版局から出版されております］。これは国際学会に大きなショックを与えた書物です。この人の結論が学会で（学問ですから仮説なわけですけれども）定説化しつつあります。その主張の要点は、紀元（ＣＥ）七〇年にユダヤ人社会が崩壊してユダヤ民族は祖国を失って、そして今、イスラエル・パレスティナ問題といわれている、パレスティナに第二次大戦後にイスラエル国家を建国したので、不幸な問題が起こったのです。その建国されるまでの二千年間の「流浪の民」と言われる原因になった、紀元七〇年にユダヤ人社会が対ローマ独立戦争に敗れ、国を失い、エルサレムを逃れて地中海寄りの町ヤブネ（当時の小さい町）に、ラビたちが続々と集まってきて、そこに再興されたラビ・アカデミーの解釈以外はすべて異端であると定めたのです。そうしなかったら、恐らく、ユダヤ民族は他民族に同化してしまってユダヤ民族も歴史の舞台から消滅し、現在のイスラエルの国の存立はなかったと言えます。ユダヤ人は、各国に散って行ったのですが（それゆえ、アメリカ系ユダヤ人とかスペイン系ユダヤ人とか、ルーマニア系ユダヤ人とか、今日言われるわけですが）、その歴史の中で、ユダヤ人であることを失わなかったのです。この歴史の変遷の中でユダヤ人であることのアイデンティティを保つ大きな役割を果たしたのは、ヤブネに再興された（わたしたち、学問的にはそれを、ラビ的ファリサイ的ユダヤ教と称している）ユダヤ教です。すなわち、CE七〇年以前のユダヤ教と、CE七〇年以後のユダヤ教とは質的に変わっているのです。CE七〇年以後のユダヤ教は一枚岩になっているのです。保守、進歩の違いはあっても、おおもとのところは、ラビ的ファリサイ的ユダヤ教が七〇年以降の今日に至るまでのユダヤ教のユダヤ人の歴史を築いてきた、一つにまとめていったと、言ってよいのです。その時にヤブネに再興されたラビ的ファリサイ的ユダヤ教のラビ・アカデミーから（あるいは、ヤブネのサンヘドリンから）出された破門規定の内容については、後に「ヨハネによる福音書の歴史とその中心的神学思想」の章で詳しく扱います。今日は概要だけを紹介させていただきます。紀元七〇年以前の破門規定の改定された版が、八五年から九〇年の間にラバン・ガマリエル二世の指導によって決定されたのです。すなわち、昔から存在した破門規程の改定版が、その時期に設定されたのです。紀元前からユダヤ民族支配をしにくくしている大きな原因はユダヤ教にあると見做したイスラエル周辺国家の歴代の支配者層は、ユダヤ教を弾圧したのです。そこで、宗教弾圧をしたわけです。それが民衆の大きな反発を買うのです。宗教弾圧する支配者、抑圧者を呪う祈りがありました。ユダヤ人の十八祈願（シェモネ・エズレ）の十二番目がそれです。十八祈願（立祷）アミダーです。立って祈る形式のものです。ですから教会員の誰かがいわゆる「隠れキリシタン」として疑われると、十八祈願を唱える会衆の代表に、シナゴーグの会堂長（アルキシナゴーゴスといいますが）によって指名されます。会堂長が絶対的な権限をもっています。その下に役人がおります、ハッザンといいます。これは役人とも訳されております。あとはユダヤ教の信徒たちです。すなわち、ユダヤ教の礼拝の中に伝統的なユダヤ教の教えや神信仰と異なる神信仰をしている者がいるらしい、という訴えがあったり、指導者が知った場合、その役人に言ってその人を立祷を行う役に指名するのです。そうしますとその人が信徒を代表して、立祷（アミダー）をする場所に立って、十八祈願を、一から祈りをしていくのです。その十二番目がビルカト・ハミニームとヘブライ語でいいますが、それが祝福の祈りよりは、迫害する者に対する「呪いの祈り」なのです。ユダヤ人に対する、かつては、ミーン「異端者」という（その複数がミニームですが）、異端者を呪う祈りなのです。『原典新約聖書』（山本書店、一九七四年）の中にその祈りは訳出されています。わたしはその本の出る前の年の一九七三年に研究論文中に訳出しました。ヘブライ語で書かれている中で土戸訳の第一、二番目は、「背教者たちには如何なる希望もありませんように、その傲慢な支配は、速やかにわたしたちの時代より根絶されますように」と言うものです。その次がラバン・ガマリエル二世の命令でいわゆる小サムエルとあだ名されている人が改定版をつくるわけですが、その中にキリスト者たち（ヘブライ語でノッツリーム）という表現が出てきます。その「ノッツリームと異端者たち、すなわちミニームは、一瞬にして滅ぼされますように。命の書から彼らは抹殺され、また義なる者たちと共に記録されることがありませんように」と祈るのです。すると皆がアーメンと唱和するのです。一番目からはじまり、一つ終わるたびに、会衆はアーメンを唱えるのです。十二番目は今言いましたように、もしクリスチャンが指名されていたとしたら、要するにクリプト・クリスチャン（Crypto-Christian 隠れキリシタン）が指名されていたら、そこで躊躇することになります。祈れなくなるわけです。日本人はよく外国の真似をして、神に誓う形で裁判所や国会の証人喚問などの際に宣誓をします。ウソは言いませんと。しかし、日本では嘘も方便という考え方ですから、あまりそのたぐいの誓約は役に立たないのです。記憶があったって「記憶がありません」と言えばいいわけです。証人喚問の際の国会答弁がまさにそうです。しかし、本当に一神教の人は、お祈りの中で嘘をつくことはできません。神に対して嘘をつくことになるからです。

すなわち、その十八祈願の第十二番目を、クリスチャンは、仲間のクリスチャンのことを呪うことになるので、そこで躊躇します。するとこの者はユダヤ教徒でなくて、キリスト教徒であると見做されて、会堂から次々と追放されたのです。ちょうど「キリシタン狩り」に、踏絵を、徳川時代などに用いたのと同じです。しかもその中身は対照的です。日本人の場合は、マリア像などが描かれている絵を踏めないのです。言葉では平気で「嘘も方便」を行うのですが、「聖なるもの」の絵が描いてあると、すなわち仏像と同じようなものですから、イエスやマリアの絵が描いてあると、踏めないのです。そうすると、遠藤周作の『沈黙』に描かれているように、踏絵の前で信仰者は躊躇するのです。これが、日本人の宗教性をよく示していると言えます。スペインやポルトガルの宣教師から見れば、絵など、踏めばいいのに、と、思うところでしょう。言葉、特に祈りというのは、神との対話ですから、嘘は言えないはずなのに、日本人の場合は言葉に重みはないのです。そのような歴史的事情下でCE八五年から九〇年の間に初めて制定された、ユダヤ教を弾圧する人に対する呪いの祈りの中に、クリスチャン名が入ってくるのです。ですからユダヤ教の人たちがどんなにキリスト者が手強かったかがわかるのです。CE七〇年以降、（今、学問の世界では、すべてB.C.E.（Before Common Era）を用いはじめています。今までB.C.（Before Christ）といっていたものです。ビフォア・コモン・エラ（B・C・E・）です。それから、C.E.

(Common Era) です。従来のA・D・に相当するのです。今は、B・C・E・、C・E・です。CE七〇年以降、すなわち共通年代（紀元）七〇年を境にしてユダヤ人社会の中のユダヤ教とキリスト教の間に、正統と異端の問題が出てくるのです。その異端の中に、他の宗教の人は一般に異端者、ミームと呼ばれる（異端者といわれますが）クリスチャンだけは、名指しで併置されているのです。ノッツリームというのは、キリスト教徒です。「背教者たち（これは、ミニームです）、如何なる希望もありませんように、その傲慢な支配が速やかにわたしたちの時代より根絶されますように。」その次が改定されるのです。「キリスト者たち（ノッツリーム）と異端者たち（ミニーム）は、一瞬にして滅ぼされますように」、と祈るのです。それゆえ、キリスト教徒が会堂の中から追放された歴史的事情は、この改定版からわかるのです。それがここ二、三〇年の聖書学研究の成果として明らかにされてきました。それらのこととの関連から、ヨハネ福音書の内容をみていくとどういう解釈が可能となるのか、さらに、ヨハネの手紙を書いた人たちがどういう立場の者たちと論争しながら自分たちの聖書の教えを示していったかなどが解明できるのです。次回はそのことに言及いたします。

二　ヨハネの世界とは―ヨハネとその教団の歴史的展開―

全五回の総主題がヨハネの世界であり、この中で福音書と三通の手紙とヨハネ黙示録の三つの歴史的事柄と思想史とりわけ神学思想を、全体として扱うと申しました。ヨハネの黙示録を入れるのは如何なものかと思われる事柄について、ひと昔前は入れていたが、最近は入れない方が、より学問的であるということも前回申しました。最近の、古代の諸文献の発見や史跡の考古学的な解明から、ヨハネ福音書を書いた人、ヨハネの手紙を書いた人、(わたしたちが言いますヨハネ学派、ヨハネ集団)とその流れをくむ人たちは、エーゲ海側の小アジアの一番西側に位置するエフェソ周辺に移住した、と想定できます。その古代の大都市エフェソはパトモス島(ヨハネの黙示録が書かれたのはパトモス島であることは、どんなラディカルな学者でも認めておりますが)と、地理的に非常に近いのです。そしてヨハネ文書(Johannine Literature)といわれるように、ヨハネ文書として一括りにして取り扱われていたのが、その後の聖書学の分野ではその関係は否定的に扱われるようになりましたが、最近は、見方によってはヨハネの黙示録も入れて一つの昨今流行の、地域学研究の視点から一考の価値があるのではないかと思い、ひとまとめにしてみたのです。それゆえ、従来の区切り方とは少し違うということを理解していただきたいと思います。本セミナーは、全体が五回ですから五つに分けまして、［一］が一世紀のユダヤ人共同体とキリスト教徒、これについて前回資料をお渡ししました。今日二回目の資料にまた［二］のところが掲載されています。Ⅰ、Ⅱ、Ⅲと序論、本論、結論と、なっております。序の「ヨハネの世界というときの問題点について」「問題の中心」どうしてわたしがこういうことに関心をもっているか、ということを中心に申し上げたのですが、そこでほぼ終わってしまって総主題のもとに書きました五回の二つ目に入ると、本論の1、2、3のところにふれて、結論の次に、二番目の、「ヨハネとその教団の歴史的展開」に入ります。

1　パレスティナとディアスポラにおけるユダヤ教と異教の関係について

二番目が「ヨハネの世界とは」というところで副題が「ヨハネとその教団の歴史的展開」ということに言及いたします。それは、ヨハネの世界が少し見えてくるのではないかと思うからです。その結論は、以下の通りです。

ヨハネとその教団の歴史的展開

(1)第一段階　CE三三―八〇年頃

(2)第二段階　CE八〇―九〇年頃

(3)第三段階　CE九〇―一一〇年頃

去年の三月に出版されました『新共同訳聖書略解』（日本基督教団出版局、二〇〇〇年）でわたしが「ヨハネの手紙一、二、三」を担当いたしました。略解というのは、電報のような極く簡潔な文章で書かなければなりません。新約聖書二十七巻全部を一冊に入れるからです。外国でいう、one volume commentaryです。一巻で全新約聖書の註解にふれることができますので便利なのですが、わたしたち執筆する側としては、紙面に極端な制限がありますので、苦労の多い仕事です。この間申しましたように、いつ、どこで、だれが、何の目的で執筆したのか、また、当該の文書がどういう文学的特徴や、思想的特徴があるのか、あるいは、書いた人の歴史的背景とか、それを受け取る読み手、読者の歴史的環境などをはじめに書かねばなりません。聖書の時代の事柄を勝手に解釈するわけにまいりませんから、聖書の時代に新約諸文書を執筆した人々、あるいは執筆した史的背景を明らかにすることが必要になるのです。それが新約緒論学で扱う領域です。それが、二番目の、「ヨハネとその教団の歴史的展開」1、2、3、が『略解』にわたしが書きました緒論に代わるものなのです。短くまとめてあります。そのお話を今日はじめから主として行う予定で、講義の項目を立てました。これは『略解』の「緒論」に相当するわけですから、いつ、どこで、だれが、という形式をとらず、こういう項目で扱います。すなわち、ヨハネの世界のことがわかれば、手紙の執筆目的や、置かれている史的情況がわかるのです。ヨハネの手紙第一、第二、第三を読むときにそういう歴史的背景がわかりますと、読んだときに、すぐ、手紙の著者が言っている事柄がわかるのです。二番目に少し詳しくその点をお話ししたいと思います。

第一段階と第二段階のところが今日の「歴史」と直接関係してくる大事なところなので、前回残しました二回目のレジュメ、本論の1、2、3の項目を以下に記します。

本論

1パレスティナとディアスポラにおけるユダヤ教と異教の関係について

2パレスティナとディアスポラにおける長老議会(gerousia)とユダヤ人共同体

3ヨハネ福音書記者と「ユダヤ人たち」をめぐる問題

この1、2、3を最初お話しさせていただいて、引き続いて二番目の「ヨハネとその教団の歴史的展開」に言及いたします。

今日は、本論1のところの「パレスティナとディアスポラにおけるユダヤ教と異教の関係について」からはいります。今日その1、2、3の結論を最初に申し上げますと、以下の通りです。すなわち、ユダヤ教のユダヤ人の人たちとキリスト教徒との争いは、ユダヤ教という宗教とキリスト教という宗教の間の争いではなかったということです。今その証拠を示したいと思います。ユダヤ人社会というのは、パレスティナに住むユダヤ人とパレスティナ以外のところに住むユダヤ人（ディアスポラあるいは、ディアスポラのユダヤ人と称します。すなわち、離散のユダヤ人、パレスティナ以外に住むユダヤ人たち）の世界でも同様であったということを、実証的に申し上げます。結論はユダヤ教対キリスト教の抗争が、ヨハネ福音書の中では問題になっているのではないということです。それを誤解しますと、前回私が問題の関心という章で言及しましたようなユダヤ教とキリスト教の間の不要な誤解を生む結果を招いてしまうのです。ユダヤ人学者とキリスト教学者が共同して史的イエスの時代のことを明らかにしているだけでなく、キリスト教の成立以来二千年にわたるユダヤ教とキリスト教の間の不幸なできごとを解決するための学的努力がなされているのです。そのような近現代の問題にもつながっていることの一端を視野に入れつつ、聖書の学びを通して理解を深めたいと思っています。レジュメの本論の1、2、3にはいります。

1　パレスティナとディアスポラにおけるユダヤ教と異教の関係について

教会や神学校における教育の中でとりわけ、旧約聖書を学ぶ際に、表現としては、ユダヤ教以外の宗教を邪教である、あるいは、カナンの地におけるバアル礼拝などの記述が出てきますと、それらの民族の倫理道徳観が劣っている宗教であるから、イスラエル史上の多くの預言者たちが、批判を展開しているのだということについてこれまで強調されてきた経緯があります。そのように思って旧約聖書を読むと思い当たることが出てくるのです。これはちょうど新約聖書を読んだユダヤ人の学者や信徒が反ユダヤ主義思想や、ユダヤ人たちに対する批判が新約聖書の中に出ていると感じることと同じです。「そうでない」という指摘をこれからしようと思っているのです。

歴史上ユダヤ教がパレスティナに唯一の宗教であった時代は、あり得なかった、ということです。パレスティナには、あるいは、ユダの地であっても、純粋にユダヤ教が存在していた時代はなかったということが、まず第一です。またパレスティナにおいてはユダヤ人以外は異教徒です。ですから、非ユダヤ人は異教徒であって、そういう異教徒の神々が礼拝されていた場所がパレスティナであったということです。パレスティナというのが一度たりとも、純粋に、(ある時代、侵略など、いろいろな時代がありますから)ユダヤ教によって支配されていたことはないのです。しかもこれは私が前回紹介しました参考文献、S・サフライ、M・シュテルンが執筆した、『総説・ユダヤ人の歴史』の中の、優れたヘブライ大学の学者・研究者の方々と、国際新約学会の学者たちとの共同の仕事の中で、共通に確認されている事項です。「歴史上ユダヤ教がパレスティナにおける唯一の宗教であったという時代はあり得なかった」のです。この点はユダヤ教の学者もキリスト教の学者も共通に認めていることです。まず旧約を読むときに、そういうことを念頭において読んでいただければと思っています。パレスティナ地方にはもともと異教の神々があったということです。すなわち、近隣の諸国と同様にパレスティナは、一世紀には、イエスの時代には、非ユダヤ教の人々は異教徒であったのです。その者たちが依然として、昔からの神々を礼拝していた場所がパレスティナであったのです。その証拠が前世紀の二十世紀に続々と発見されて、今申し上げていることはすべて、パレスティナ地方から出土した文書はもちろんのこと、碑文、コインの発見とその分析結果なども含めて明らかになったことなのです。その具体的な例を一、二、示します。すなわちパレスティナ地方には、異教の宗教が、さまざまなかたちでさまざまのものが存在していました。ユダヤ人には禁止されていましたが、紀元一世紀のパレスティナにおいて古代カナンの諸宗教がなお盛んでした。イスラエル史を貫いている、イザヤ、エレミヤ、その他の預言者の時代さらにもっと溯った時代まで、パレスティナにおいては古代カナン人の諸宗教がなお盛んだったのです。すなわち出エジプトしたユダヤ人たちがカナンの地に入って行き、先住民との戦いに勝ったり負けたり、妥協したりしながら、定着していった歴史的経緯は周知のところです。しかし部族単位のままでは、その存続が確かでないので、サウロを初代の王に立てて（王を立てれば税金も取られるし、徴兵制度もありますが、それを認めた上で）、民族の存亡にかかわるのでソロモン、ダビデと続く王政を選び、十二部族の統一王国が作られていったのです。その統一国家もソロモンの時代まで百年くらいしか存続せず、北と南に分裂します。そういう歴史の流れの中で、イスラエル民族はカナンの神々の中で併在したのです。それはイエスの時代もそうであり、その後もそうでした。その後はローマの支配になりますが、それでも異民族はその存続を認められたのです。すなわち、当該の神々が、ギリシアの神々と相当する神々とは、ほとんど同一視されていなかったか、あるいは、ごくわずかに同一視されていたにすぎなかったのです。すなわち、パレスティナで生活していたギリシア人たちと、ギリシア化された異教徒たちは、宗教的な観点からもよそ者とは感じていなかったのです。互いに割合親しくしていたということです。宗教が異なるから皆殺しの戦争があったり、他部族を襲ったりということは少なかったということです。恐らくパレスティナにおける異教の最も顕著な特徴は、ギリシア、ローマ時代のイスラエルの地において異教とキリスト教が共存していたということです。これは重要な点です。異教徒たちが隣人としてのユダヤ人をもっていたのです。そしてユダヤ教に魅力を感じていた、ともいえるのです。また、ユダヤ人たちは異教徒がユダヤ教について知っているよりもはるかに、ユダヤ教のユダヤ人たちは異教についても知っていたということです。今年に入ってからでしたか『ユダヤ人イエス』という書物が出版されました。二、三〇年前に出版されたのですが、毎年版を重ねるほど、世界中で読まれていた書物ですが日本語に訳されたのはごく最近のことです。その著者のD・フルッサー（David Flusser）はヘブライ大学のイエスの時代の歴史研究者として優れた方です。わたしは上述のことをその方の業績を中心に紹介したのです。わたしが翻訳したフルッサーの理解した論文（「パレスティナにおける異教」（土戸訳）、『総説・ユダヤ人の歴史』中巻二六七—三〇七頁参照）での彼の指摘は適切であると思うからです。それは、実はパレスティナ以外の地でも同じであったということです。ディアスポラにおいてもまったく同様でした。パレスティナ時代におけるおびただしい数のヘレニズムの中心的な都市の存在が、パレスティナとディアスポラの間の区別を不鮮明にしてきました。これはどういうことかと申しますと、現在のヨルダン、シリア、イスラエルと、ヨルダン川西岸で（残念なことにアラブ、イスラエルの問題が現在は続いていますが）、ガリラヤ湖の南西十数キロのところにスキトポリス（ベトシェーンという旧約聖書に出てくる町）があります。これが、ギリシア・ローマ時代には、スキトポリス（デカポリスの一つ）と「ポリス」が付いていますが、ギリシア、ローマがパレスティナ地方、今で言いますと、イスラエル、ヨルダン、シリア、それから、実はシナイ半島の方に及ぶまで、デカポリス、（デカの、すなわち、十の）ポリス（都市）をつくっています。現在のヨルダンの首都アンマンも、ギリシア・ローマ時代にはフィラデルフィアといって、デカポリスの一つでした。シリアの首都であるダマスカスもそのままの名称でデカポリスの一つでした。それから、わたしも訪ねてきましたが、アンマンから三十数キロ北方の、ゲラサ（ジェラシ）というところが発掘されています。広大な、ある部分は六メートルもある厚い城壁で囲まれた、城塞都市です。スキトポリスは近年発掘されました。すなわち、エルサレムは大都会で、そして主イエスが生まれ育って活躍したガリラヤ湖畔は田舎で、のどかなところだというイメージを多くの人々がもってきましたが、そうではないのです。エルサレムは大都会でした。しかし十のポリスが、あの狭い、パレスティナ地方、イスラエル、西側に一つですが、東側に九つが、今日のヨルダンとシリアに存在していたのです。すなわち、そのうちの一つを訪れただけでもわかるように、いずれも当時の超近代的な都市です。そこにはギリシア時代にはギリシアの軍隊が、一部は家族とともにそこに住み、ローマ時代ならローマの軍隊が、しかもたくさんの民族が住んでいたのです。すなわち情報の点でも、生活様式の上でも高度な文化があったのです。必ずしも主イエスの活動地域はのどかな農村地帯だけではなかったのです。マタイとマルコの中には主イエスはデカポリスを通ってある地域へ行ったと、記されています。わたしはデカポリスでも主イエスは伝道したのではないかと思っていますが、詳細を伝える証拠資料はほとんどありません。ただ、そこを通ってガリラヤ周辺に行ったとそういう記録が聖書の中に散見できるだけです。ですからわたしはヨルダンの考古学研究所に滞在したときに現地を訪問してきました。パレスティナもディアスポラの地もそれから離散のユダヤ人のところも、ほぼ同じに文化的であったということです。先に言及しました、ガリラヤ湖周辺に一つだけヨルダン川の西側にありますスキトポリス、すなわち、ベトシェーンが考古学的学術的発掘をみました。その場所に、わたしは二〇〇〇年の八月に行ってまいりました。マカベヤ家のユダがスキトポリスに進撃しましたとき、(これは紀元前二世紀の話ですが)、その時に、その都市に住む、すなわち、主イエスの住む一七〇年も前に、そのスキトポリスという当時の近代的な都市の中にユダヤ人が沢山住んでいたのです。すなわち、ギリシア人やその他の人々と一緒に住んでいたのです。まだギリシアが支配していた時代です。後にローマ支配の時代に代わりました。その都市に住むユダヤ人が、スキトポリスのギリシア系の人々がユダヤ人に対していつも親切にしてくれるので感謝している証拠資料が発掘されています。ですから、マカベヤ家の英雄たちが、ユダヤ教以外の民族に戦争を仕掛けたときに、そのスキトポリスのユダヤ人が、同じ町に住む異教徒に協力して攻撃してきた同族のユダヤ人を撃退しているのです。対ギリシアに対する戦いの時もそうでしたが、そのあと、今度その後ギリシアにとって代わったローマに対しても友好的でした。のちの時代の独立戦争のきっかけになった、町の中の紛争が起こりますが、そのときでも友好関係が続いていたという証拠が発掘されています。すなわち、わたしたちは、ユダヤ人がいつも一枚岩であったと教えられたり考えてきましたが、ユダヤ教という点では宗教がいつも一枚岩だと言えますが、他の日常の生においては同じ地域の人たちと共存していたということです。その証拠が近年発掘されているのです。しかもそこではスキトポリスではあのディオニソス礼拝をしていたという碑文が発見されています。すなわち、「ディオニソス神に、ゲルマーヌス［により奉献された］」というギリシア語の文を有する碑文が発見されています。また、そこから出た硬貨もそれを裏付けています。そうしますと、その地では、異教の神々が拝まれていたことがわかるのです。そういう異教の神々を拝んでいた人たちとユダヤ人が友好的に その町では、共存していたのです。パレスティナでもそうですが、パレスティナの中にある異教のデカポリスでもそうであったことがわかります。では、ディアスポラの地はどうかと言いますと、パレスティナ以上にユダヤ教徒と異教徒の人たちは共存していたと言えるのです。それは今なお海中考古学などでエジプトのアレキサンドリアが注目されていますが、そこには大きなユダヤ人の居住地域が出来ていました。そしてエルサレム神殿を模して、紀元前に既に大きな神殿まで存在していたのです。そういうユダヤ教徒たちが、異教の人たちと共存していたという証拠が近年たくさん発見されているのです。しかしただ一つ、ユダヤ教が、ほかの宗教と、厳しく区別していたことは、ユダヤ人固有の地域と入植地には異教の痕跡を残さない注意を払っていたことです。たとえばエルサレム神殿にポンティウス・ピラトゥスが、異教の旗を持ち込もうとしたときとか、あるいはマカベア家の英雄たちが、（これまた紀元二世紀に溯りますが）、自分たちの聖域がシリアのアンティオコス家の指導者たちによって荒らされたときには、激しい抵抗をしたのです。ですからマカベア家の英雄たちが「マカベア戦争」を起こしたのも、それから、イエスの時代にたくさんのユダヤ人たちが神殿を汚すという理由でローマの軍隊に対して命がけで抵抗したのです。しかしそういうことがない限り、共存していたということは大事な点です。パレスティナのユダヤ人たちは伝道しなくても、自分たちは神に選ばれた人、異教徒たちもいずれ、自分たちの救いを求める、という自信をもって生活していたのですが、地中海世界に散っておりましたディアスポラのユダヤ人たちは、移住先々でシナゴーグを建て、ユダヤ教の礼拝を守ると同時に、その場所は、礼拝の場であると同時に、学問処であり、裁判所でもあり、またさまざまな諸集会を行うコミュニティーセンターのような役割を果たしていた所でもあったのです。そういう研究も今日さまざまなかたちで明らかになってきています。ディアスポラのユダヤ人とパレスティナのユダヤ人の一つの違いは、ディアスポラのユダヤ人は異教の中で生活していますから、ユダヤ教を伝道したり異教の人々に改宗することを伝えましたが、しかしユダヤ教の習慣に全く従わなくてもユダヤ教徒であると認定しました。そこが大きな違いです。これは新約聖書の使徒行伝などにも出てきますが、そういうユダヤ教の唯一神、ユダヤ、キリスト、イスラム、の唯一神は受け入れるけれども、律法のすべてを受け入れることはできないというギリシア人がいたり、ローマ人がいたりしたわけです。それが「神を畏れる者（sebomenoi）」、です。セボメノイは新約聖書に、敬虔な信仰をもつ人たち、という形で登場しています。それはディアスポラの世界にそういう人々が出てきてユダヤ教徒になったり、そこからさらにキリスト教に改宗した人たちがたくさん出たのです。ユダヤ教のユダヤ人がキリスト教に改宗した人を、ユダヤ人キリスト者と称しますが、ユダヤ教のユダヤ人がキリスト教を異教の一つ（今申しましたように、たくさんの異教と共存していたわけですから）と見做しても、ある時代までは（後述参照）、ユダヤ教のユダヤ人と、ユダヤ教からキリスト教に改宗した人たちが、共存できたのです。パレスティナ地方は四国より少し大きい程度の、あの狭いところでもユダヤ教のユダヤ人たちは周辺の異教徒と平気で共存できたのです。しかし聖書、とりわけヨハネ文書中にはユダヤ教のユダヤ人とキリスト教徒が激しい抗争をしています。それは何を意味するのでしょうか。ヨハネ福音書とヨハネの手紙の中に反映されている、ユダヤ教徒とキリスト教徒の争いというのは、ユダヤ教という一つの宗教とキリスト教という一つの宗教の間の争いではなくて、ユダヤ教内部の争いであったと理解する方が史実を正しく反映しているのです。そうしますと、前回言及しました新約聖書の中に出てくる「ユダヤ人たち」といわれているユダヤ人とは誰なのか、という問題とつながります。ヨハネ福音書におけるシナゴーグにつける勢力とヨハネ福音書記者を指導者とするヨハネ教団の間の争いは、イエスの時代のエルサレム神殿とそれに併設されていたサンヘドリンと、七〇年以後のいわゆる第二神殿崩壊後のユダヤ人社会におけるシナゴーグに関する史的事情がその背景にあると言えるのです。すなわち、ユダヤ人社会における主イエス伝道のことを、マルコやマタイやルカは書いているわけですけれども、同時に主イエスの時代にかかわったユダヤ人の話だけが聖書の中に書かれているのではなく、福音書記者たちの時代のユダヤ人、ユダヤ教のユダヤ人とユダヤ教からキリスト教徒になったヨハネやマタイの置かれているユダヤ教対キリスト教のあるいはユダヤ人社会の内部の事柄を、二つの歴史の事柄を特にヨハネ福音書（マタイ福音書もそうであるとする説を唱える研究者もいます）は描写しているのです。ですから一つの事柄で二重写しにして、イエスの時代と福音書記者の時代の歴史を語っているのです。そういうふうに読みますと、聖書中の記事内容の難しい点のほとんどが解けてきます。

次の項の2はパレスティナとディアスポラにおける長老議会（ゲルーシア）とユダヤ人共同体という主題です。パレスティナ地方と、それ以外のユダヤ人社会ではどうなっていたかと申しますと、これは前回言及しましたが、紀元七〇年以前のユダヤ人社会は、サドカイ派や、ファリサイ派や、エッセネ派をはじめとする諸分派が共存できました。それだけでなく、政治的、経済的な上層階級、少数の貴族階級、少数の独裁者階級に属する者と、土地を所有しない小作人階級の者や政治的過激派（シカリ党とか、ゼーロータイと言われる人々）、すなわち過激派の人、テロリスト（ローマ側から見ればテロリストです）、武力でもって革命を起こそうとする人たちとユダヤ人社会を保持・維持するためにはローマ皇帝とも妥協しながらユダヤ人社会を維持しようとする貴族階級と、そういう人たちと地域的な小さな争いはあっても、また上級祭司と下級祭司の間の争いがあったことを、たくさんの歴史資料が示していますが、それにもかかわらず結局は――宗教的にさまざまな教派・教義の違いや、政治的にも右から左まで、すなわち過激派から穏健派まであったにもかかわらず――、この人たちがいつも一枚岩になれたのは、エルサレム神殿における宗教祭儀が求心力になっていた、と言えるのです。それゆえ、エルサレム神殿に併存していたサンヘドリンが崩壊した後にユダヤ人社会は激変したのです。パレスティナのユダヤ人の対ローマ独立戦争はローマ軍によるエルサレム占領と、徹底した神殿破壊をもって終わりを遂げました。しかし、これがバビロン捕囚から帰ってきた人たちが建てましたので、ソロモンの第一神殿とするならば、バビロン捕囚のあとの神殿は「第二神殿」であることは前回言及しました。それが七〇年にローマ軍によって徹底的に破壊されたのです。第二神殿の崩壊、すなわち、第二神殿時代が終わったわけです。しかしユダヤの山塊山地（七〇〇メートルから九〇〇メートルの山塊山地）と、ガリラヤ地方は相変わらずユダヤ人のものだったのです。戦後すぐにローマがユダヤ人から取り上げたのではないのです。それは一三二年から一三五年のバルコホバ（二世紀の初めに、また対ローマ戦争を引き起こしたのです）以後は、徹底的にユダヤ人がパレスティナから追放されたのです。それまではかなり長い年月、パレスティナ地方にはユダヤ人が生存できたのです。そういう証拠も、最近の考古学的発掘とその研究によって、明らかとなってきています。たとえば、バルコホバの乱以降に、ローマの軍隊によって取り上げられた、九八五の村々に関する記録が近年発見されました。これは山岳地帯が紀元七〇年以後もまだユダヤ人のものであったことを示していると同時にローマに対する独立戦争の結果、ユダヤ人社会の損害は大変大きかったけれども、それは特定の地域に限定されていたというのが史実に近いのです。それは、エルサレムとその周辺の場合でさえもそうでした。たとえば、（ヤムニアとかヤブネとか呼ばれていますが）ヤブネとその周辺には、ラバン・ヨハナン・ベン・ザカッイ、あるいはラビ・タルフォン、ラバン・ガマリエル二世のような、ユダヤ人社会の優れた指導者層は、むしろ見方によっては、ローマ側の保護を受けてユダヤ人社会を再建しているのです。そして実際は、エルサレムの崩壊の前にヤブネに逃げ延びて行くのです。それをローマ側は見逃しているのです。そしてそのラバン・ヨハナン・ベン・ザッカイが七〇年から八〇年の間、ガマリエル二世はそのあとを受けて八〇年から一一五年までの間、ヤブネにおいてエルサレム神殿とともに崩壊したサンヘドリン、すなわち最高立法議会をヤブネに再興して、そしてその後のユダヤ民族のアイデンティティを維持するためにユダヤ人社会を統合していくのです。この人たちは豊富な資金と資産を持っておりました。そしてたくさんのラビたちの訓練をするのです。そしてそこから、ユダヤ教内に続いていた従来の破門規定に代わる新しい破門規定が、八〇年から一一五年まで支配したラバン・ガマリエルの指導者によって改定版が、CE八五―九〇年頃に制定されたとの推定が可能なのです。（その改訂版の、私の訳を前回紹介いたしました。）すなわち、異端に対する呪いの祈りの改訂版に異端者（ミーン・複数形のミニーム）と並んでノッツリーム（すなわちクリスチャン）という言葉が併記されたのです。ですからキリスト教は特に、異端中の異端として出てくるのです。そこから初めて、ユダヤ教における正統と異端の問題が起こったのです。こうしたローマのパレスティナ支配の中で、ヤブネに再興された最高議会の主導によるユダヤ教もユダヤ教から分離したユダヤ人キリスト者も新しい歩みを始めたのです。

2　パレスティナとディアスポラにおける長老議会（ゲルーシア）とユダヤ人共同体

ディアスポラの地では、地中海世界を中心とするユダヤ人ディアスポラの準自治体（ポリテューマとギリシア語で言われていますが、周知のようにギリシアとかローマに支配された国民は、当時は一等国民と、二等国民、三等国民などと区別される税制の利益、不利益を受けていたのです。中には、法律の保護も受けられない（奴隷制社会でしたから）奴隷も存在したのです。ユダヤ人は準自治体（ポリテューマ）という制度の中で、ずっと長いことギリシア・ローマ時代を過ごしますが、七〇年以前も以後もこの準自治体は、パレスティナにおいてもそうでしたが、地中海世界に散っているユダヤ人もほとんど同じ処遇を受けていたと言えます。ユダヤ人はエジプトのアレクサンドリアやイタリアに至る地中海貿易、さらに、実はスペインやポルトガルに至るまで、ユダヤ人たちは集落を作っていたことが、二十世紀に続々と発掘された資料により明らかになってきているのです。例えば、エジプトのアレキサンドリアの準自治体は、崩壊後も存続し続けたのです。ユダヤ民族の反乱を平定したローマ皇帝ティトス（第十軍団を率いた、後に皇帝になった人物です。ローマ市を訪れた方はフォロ・ロマーノの中に有名なティトスの凱旋門があります。七〇年に勝利して帰って記念に建てたものですから、ユダヤ人が数珠つなぎになったレリーフがあります。ユダヤ人にとっては屈辱の門と言えます。しかし大理石のすばらしい建造物の一つです。その皇帝ティトスは、アンティオキアの町からユダヤ人を追放すること、あるいはユダヤ人の今までの諸権利を、対ローマ戦争を起こしたのであるから、剥奪するようにと、同時に自分たちにユダヤ人の所有しているものを全部分捕ろうとしたギリシア系アレクサンドリア人の要求を退けている記録が今日発見されています。またアレキサンドリアのユダヤ人のポリテューマ準自治体を、解体するようにとの、アレキサンドリアに住むユダヤ人と競争相手のギリシア系住民たちの要求をも皇帝ティトスは退けています。アレクサンドリアにおけるユダヤ人の組織の持続力はCE七三年の一つの出来事によって証明されているのです。七三年にアレキサンドリアのゲルーシア（長老議会）は、［パレスティナ以外のところの離散のユダヤ人たちは、自分たちの長老会議ゲルーシアというのを各町々でもってその議会でユダヤ人たちの住民の自治上のことを取り決めるのです。］アレキサンドリアに来たパレスティナ本土の過激派の亡命者たちを摘発するために、一般のユダヤ人市民集会（エクレーシア）を招集しているのです。すなわち、六六年に開始した対ローマ戦争に参加を求める革命的扇動家たちに批判的にかかわり、また、資金提供を要求したゼーロータイや亡命者たちを捕らえてローマ側に突き出しているのです。すなわち、そういう地中海世界に散在していた「離散のユダヤ人」の自治組織を作っていた史実と、その自治組織である長老議会を形成していったという歴史的経緯とその内容が、近年一層明らかになってきているのです。そういう自治権は独立的であり、本土から来た指導的ユダヤ人たちの言いなりにはならなかったのです。ディアスポラ（のユダヤ人たち）は今日的にいえば国際派であり海外の動向がわかっていますから、母国の民族主義的傾向に必ずしも同調しなかったと言えるのです。それが実際のところであったのです。そして、地域のユダヤ人社会の総意を問うために、ゲルーシアの集会を開いたのです。紀元二世紀の初めころアレクサンドリアのゲルーシアから皇帝への使節団を派遣している記録があるくらい長老議会（ゲルーシア）は、権威をもって存続していたのです。そのような各地方のユダヤ人社会の地方政治のありかたが今日明らかになっているのです。

3　ヨハネ福音書記者と「ユダヤ人たちホイ・ユーダイオイ」をめぐる問題

―七〇年以降のユダヤ人社会における正統と異端の問題の生起―

最後の三番目のテーマは、本論の3「ヨハネ福音書記者と『ユダヤ人たちホイ・ユーダイオイ』をめぐる問題」であり、副題として、―七〇年以降のユダヤ人社会における正統と異端の問題の生起―といたしました。このヨハネ福音書におけるユダヤ人とはいったい誰を意味しているのかという問題です。

ユダヤ人がユダヤ人をこわがるとか、「ユダヤ人」がかなり社会的な役職をもった人を派遣するとか、おかしな表現がヨハネ福音書の中にたくさん出てきました。「ユダヤ人たち」が重要な取り決めを既に決定してしまっていたという記録も出てきます。そうしますと、福音書の中でとりわけ、ヨハネ福音書の中で九章二二節「ユダヤ人たち、ユーダイオイ」と書かれていたときに、そのまま「ユダヤ人たち」と訳していいのか、という問題があると前回お話ししました。そう訳してしまうから、聖書は「反ユダヤ主義」（アンティ・ジュダイズム Anti-Judaism）、または「反セム主義」（アンティ・セミティズム Anti-Semitism）の思想を伝えている、と批判されてしまうのです。とりわけパウロとヨハネの手紙や福音書が誤解されてそのような批判の対象になってきたのです。ヨハネ福音書の「ユダヤ人たち」とは誰を意味しているのかを明らかにする必要があります。この人々は明らかにユダヤ人です。しかしすべてのユダヤ国民ではないのです。すべてのユダヤ民族を代表しているわけではないのです。と申しますのは、史実としては、イエスとその弟子たちは、間違いなくユダヤ人なのです。デヴィド・フルッサー（David Flusser）は、『ユダヤ人イエス』という書物において、キリスト教側でも参考になる学問的に優れたイエスの生涯を執筆しています。イエスがユダヤ人であることをヨハネ福音書記者はよく知っているにもかかわらず、ヨハネ福音書においては、イエスとその弟子たちは、ヨハネ福音書記者の主張するユダヤ人のカテゴリーには含まれていないのです。ですから、ユダヤ人たちと書いてあっても、主イエスや弟子たちをヨハネ福音書記者は、ホイ・ユーダイオイ（hoi Ioudaioi）という言葉の中には含めていないのです。そういうわけですから、イエスとその弟子たち、またはガリラヤ人たちとサマリヤ人たち、特にサマリヤ人は、自分たちは血統の上ではユダヤ人なのだと言いたかったのですが、ユダヤ人から差別されたのです。しかしヨハネ福音書記者にとっては、ガリラヤ人もサマリヤ人も、ユダヤ人であるにもかかわらず、ヨハネ福音書記者のいう「ユダヤ人たち」ではないのです。その人々をヨハネ福音書記者はユダヤ人とは表現していないのです。しかし、ヨハネ福音書の中には、「イエスに敵対する者としてのユダヤ人」でない「ユダヤ人」が出てきます。三章に登場する、ニコデモという人はそうです。イエスが十字架にかかったときにも、非常に心配して最後まで主イエスについて行った人物です。一番最後まで主イエスについていたのは、婦人たちでした。男性はその限りにおいては評価されていません。ニコデモという人は、イエスに好意をもっていたユダヤ教側の指導者の一人でした。それでもヨハネ福音書においては、結局は、ニコデモもシナゴーグにつける勢力を支持する者として、描かれているのです。しかしイエスとイエスの弟子たち、ガリラヤ周辺の人々、サマリヤの人々は、「ユダヤ人たち」（ホイ・ユーダイオイ　hoi Ioudaioi）としては、ヨハネは見做していないのです。そうしますと、その言葉のもつ意味がよくわかってくると思います。パレスティナとディアスポラにおけるユダヤ人社会はヤブネに再興されたサンヘドリンのユダヤ人社会における指導力が非常に強固になっていったのです。すなわちラビ的ファリサイ的ユダヤ教の律法解釈だけを正統とすることによって、ユダヤ教の存続を維持したのです。ユダヤ人の民族としての維持発展の努力がそのような形でなされたのです。それがなければ、多分今日のユダヤ教は存在しなかったでしょう。エッセネ派や、サドカイ派などは、歴史の舞台、世界史の舞台から姿を消したのですが、ファリサイ派の人たちを中心とするユダヤ教だけが残っていくのです。ですからこのようなユダヤ教をそれ以前のユダヤ教と区別して、ラビ的ファリサイ的ユダヤ教と、学問的には称しています。その、ラビ的ファリサイ的ユダヤ教を指導しているラビたちの律法解釈以外は、すべて異端と判断されたのです。パレスティナとシリア・パレスティナの境界の都市におけるユダヤ人社会に、ヤブネのサンヘドリンから出された律法の統一的解釈に基づく諸律法［これをタカノーツ（法令）といいますが］、その中にユダヤ人キリスト者に対してとられた措置を想定することができます。［これは参考文献の中の⑴、J・L・マーティン『ヨハネ福音書の歴史と神学』（川島・原・共訳、教団出版局、一九八四年）と⑶の私の著書『ヨハネ福音書研究』（創文社、一九九四年）で明らかにされています。］すなわちシナゴーグの礼拝における立祷（アミダー）、ユダヤ教の十八祈願［これをシェモネ・エズレ（Schemone Esre）といいますけれど］、この十二番目の祈願が、ビルカト・ハミニーム（Birkat ha-Minim）です。その改訂版の中に、一般の異端者（ミーン）と並んで、キリスト者（ノッツリーム）が、特に記録されることによって、シナゴーグからのユダヤ人キリスト者追放が決定的になった事情が想定できるのです。ところが、この十八祈願の適用の具体例はラビ文書中には直接出てこないのです。証拠は間接的ですけれども、それを明らかにしたのが、上述のJ・L・マーティン教授の著作です。この学説をめぐって国際新約学会のヨハネ研究部門において、長年にわたり論議の対象となりました。シナゴーグ内で、ユダヤ人キリスト教徒の嫌疑をかけられた者を会堂長（アルキシュナゴーゴス）に密告します、すると会堂長はハッザン（役人、会堂付役員です。ギリシア語ではシュペレテースと新約聖書中に登場します）に命じて、その者を、十八祈願を導く会衆の代表（これを、シェリアハッ・ジブールといいます）として選出します。今申しましたようにこのハッザンについては、ここ近年二、三〇年の間に非常に明らかになりました。それが、S・サフライとM・シュテルン編著『総説・ユダヤ人の歴史』第二巻目と三巻目に詳しい研究がなされています。この書は最近のイエス研究史に、有力な資料として用いられていることについて前回申しましたのがこの著作です。もし告発された人物がクリスチャンであれば、十二番目のビルカト・ハミニームを祈願するところで躊躇するので、「隠れキリシタン」（Cripto-Christian）であると認定して、その者をシナゴーグから追放する措置をとったのです。（この点に関しても前回言及しました。シナゴーグ内のユダヤ人キリスト者はこうして追放され、追放された者は、独自の共同体を形成して、同じ都市内にキリスト者の共同体を形成したのです。その代表的なもののひとつが、ヨハネ教団なのです。このグループと既存のシナゴーグにつける勢力の間の抗争がヨハネ福音書の中に反映されているのです。同じ都市内に住むユダヤ人居住区内の対立の問題点は、イエスをどう理解するかということを巡る問題であったのです。これは現代的な言葉でいうと、「キリスト論」をめぐる問題です。そのキリスト論の特徴は何かということは、次回に言及します。すなわち、これは主イエスをどう理解するかということを巡る問題だったのです。結論を先に申しますと、その抗争はユダヤ教対、生まれたばかりの（草創期の）キリスト教の間の大規模な、「ユダヤ教対キリスト教」の争いではなかったのです。もしそうであるならば、たとえ七〇年以後というユダヤ人社会の対ローマに対する状況が変わったとはいえ、前述のようにエジプトのアレキサンドリアにおいてもパレスティナでも、ということは、ディアスポラの地においてはもちろん、パレスティナにおいてでさえユダヤ人の問題を皇帝に訴えることの可能性はあったということです。すなわち、アレキサンドリアの人たちが、対ローマ戦争が終わってエルサレム神殿が崩壊したあとでも、ディアスポラの地の（上述したように代表的なアレキサンドリアを例としてあげることができるのですが）住民たちが、ユダヤ人を追放し、ユダヤ人の権利を取り上げるようにと上訴しても、ローマ皇帝は拒否しているのです。すなわちいつでも、地中海世界に散っているユダヤ人だけでなく、支配されているさまざまな民族は、諸民族間の紛争があれば訴えることができたのです。そうしますと、ユダヤ教対キリスト教の抗争であれば、キリスト教側であろうと、ユダヤ教側であろうと、訴訟を起こせばローマ皇帝側、つまりローマ当局側は取り上げたはずなのです。これは、同じ都市に住む異教徒が告発行動に出ない限り、各々の宗教は自由であったからなのです。

優れたローマ史専門家の方の有力な学説ですが、「同じ土地に住む異教徒が、告発行動に出ない限り、キリスト教は野放しにされていた」[松本宣郎『キリスト教徒大迫害の研究』(南窓社、一九九〇。一一—一二頁)]のです。異教徒とユダヤ教徒の共存の事柄が、近年非常に明らかになってきているのです。そこで、ヨハネ福音書の中に出てくるユダヤ人、とか、ユダヤ人たちと訳されている、その用語は、「民族としてのユダヤ人」をさしているのではなく、ヤブネのサンヘドリンから出されている法令をユダヤ人の居住地区に持ち込み、ヤブネのサンヘドリンの指令に忠実な人たちを、ヨハネ福音書では「ユダヤ人たち」といっていると理解すべきなのです。

次の問題として、「ヨハネの世界とは」というテーマで、ヨハネとその教団の歴史的な展開について言及します。まずヨハネによる福音書と、ヨハネの三通の手紙は、(四世紀、五世紀の)使徒教父以来の伝承を集めた歴史書に基づいて、十二弟子の一人、ゼベダイの子ヨハネによって書かれたと考えられてきました。しかしヨハネ福音書記者は、神の子の受肉の栄光を主張しているし、他方ヨハネの手紙一の著者は、イエスの十字架の血による贖いを強調しており、また両者は終末論的思想と聖霊理解など、主要思想を異にしています。思想の上でかなりの違いがあるのです。この点については、神学思想の内容の事柄として、三「ヨハネによる福音書の歴史とその中心的神学思想」と、四「ヨハネの手紙一、二、三の歴史と神学」で取り上げます。さらにヨハネ福音書中の「ユダヤ人」と、会堂追放のモティーフは、ヨハネの手紙中には、まったく出てこないのです。これらのことから手紙が書かれた時代もだいたい想定できるのです。このように、ヨハネと三通の手紙の著者の執筆の史的背景は異なっています。三通の手紙の間の類似の文体、用語、思想が存在しています。すなわち相違点もありますが、非常に類似の文体と思想があるのです。それは、各執筆者が共通の学派（グループといってもいいのですけれども）に属することに起因すると考えられます。共通のヨハネ学派（Johannine School）に属することに起因するという考え方が一番蓋然性が高いとわたしたちは理解しているのです。

ヨハネの手紙二と三の著者は自らを長老と称し、またこれも、四世紀、五世紀の歴史資料の中に長老ヨハネという人が紹介されて登場しますので、歴史的に間違いのないところです。しかし、それによって事柄が複雑になってくるのです。今日扱う問題と直接かかわりがありませんので、ここでは省略します。このヨハネは長老と称し、学派の権威を同派の共同体に及ぼす立場にあった人物であることだけを指摘しておきます。それゆえ、各著者は次の歴史の発展線上に位置していたと思われます。

(1)第一段階　CE三三―八〇年頃

パレスティナとその周辺でヨハネは、イエスがメシアであるとの宣教活動を展開しました。この点に関しては、マルコ福音書その他をご覧になればよろしいわけで、だれも異存のないところです。独立流布していた、主イエスに関する奇跡物語やバプテスマのヨハネに関する記事やイエスの受難、復活という伝承を用いて、素朴な福音書が書かれました。ですから、イエスが宣教した内容を本当に早い時点で、ヨハネが、カナで、婚礼のときに水を葡萄酒に変える奇跡物語から始まって、四章の終わりのほうでまたカナに戻って来て役人の子を癒す第二の奇跡があったなどとわざわざ順序まで書いてあるのです。第一の奇跡はカナで、四章の終わりで第二と書いてあるのですが、その間にたくさんの奇跡をエルサレムとその周辺で行っているのです。しかし聖書を読むと第一と第二と書いてあるのですから明らかに何かの文書資料を用いたことがわかります。次にヨハネ福音書五章に入りますと［協会訳（一九五四）ではベテスダ、新共同訳ではベトザタ（これは写本の違いによります。）］素朴な奇跡伝承ですが、主イエスが病気で苦しんでいる人を治す治癒奇跡物語が素朴なかたちで描写されています。このことは主イエスが行った業（わざ）の伝承が集められていた可能性があるのです。主イエスの教えを記録したものも、存在するのです。それが偶然ですけれども、一九四五年に、ナイル河のルクソールの北方八〇キロメートルの西岸にナグ・ハマディという町があり、その地域から「ナグ・ハマディ文書」が発見されました。その中に入っているのが、イエスの語録集、マタイとルカだけが援用して、マルコには出てこないイエスの語録集に出ているものと同じ内容の文言がヨハネ福音書にもあるのです。イエスの語録集はクー資料（キュー資料、Q資料）と称されています。異端者の世界におけるイエスの語録の一部が発見されたのです。しかし、マタイとルカが使って、マルコが全然知らないイエスの語録集をマタイとルカは自分の福音書を書くときに使っているのです。しかしその語録集そのものは、発見されていないのです。そこまでは分かっていたのですが、ナグ・ハマディ文書の発見で、そのようなイエスの語録集の存在していたことが、一層確かとなったのです。類似の言表が異端者の文書から発見されたことはその意味では重要なのです。ですから、今日、Q資料の研究というのはヨハネ研究と並んで、国際学会の一つのテーマになっているほど注目されているのです。

主イエスが奇跡を起こしたことなどを伝える素朴な描写が早い時点で存在していたのです。それゆえ、イエスが神の子であるとか、メシアであるなどということは、地中海世界にはごく普通にあった話と共通していると言えるのです。ですからある研究者は、奇跡行者イエスとか、奇跡執行者イエスという観点から「治癒神イエス」

などという書物を書いているのです。その書物はその限りにおいて間違ってはいないのです。しかし、そう書いたからといって、主イエスのことが十全にわかるわけではないのです。主イエスの一面しか見ていないからです。そういうことはマタイ、マルコ、ルカ、すなわち共観福音書記者もわかっていました。それゆえ主イエスの奇跡のことを、デュナメイス［(dynameis)、ダイナマイト（Dynamite）とか、ダイナミック（Dynamic）という言葉の語源です。］という用語で叙述しています。これを今度の新共同訳は「奇跡」と正しく訳しています。その語を協会訳（一九五四年）は、力ある業（わざ）と訳したのです。それから、それを間違っているとは申しませんが不十分な訳です。しかも『協会訳』は、奇跡を行って自分はメシアであることを誇示する自称メシアの行う業をテラタ（terata：teras の複数形）と言うのですが、それを「奇跡」と訳してしまったのです。この訳では「新約聖書の奇跡」の意味が曖昧になります。イエスの時代の地中海世界にはセイオス・アネール（Theios anēr）と称される、Wunder-Täter（ブンダーテイター、英語の Miracle-worker です。あるいは、Wonder-worker 奇跡を行なう人です。）は、奇跡をたくさん行って、人々を驚かして、だからわたしはメシアであると主張したのです。このたぐいの人が行った業（わざ）をテラタ（terata）と言います。わたしはテラタを「奇跡」と訳さないで「不解な、不可思議な奇現象」と訳すべきだと思っています。今度の新共同訳はそれを正しく「不思議な業」と訳しています。そして、デュナメイスが正しく「奇跡」と訳されました。ヨハネは注意深くその語の使用を避けています。テラタはもちろん使いません。しるし［セイメイオン（semeion）の複数形のセーメイア（sēmeia)］という言葉を使っています。ということは、聖書を書いたマタイ、マルコ、ルカも、主イエスは奇跡を行ったから神の子ですよ、メシア、救い主ですよ、すなわち、メシアですよ、ということを言おうとしているのではない、ということです。それなら、テラタ（terata）という言葉を使ったはずです。しかし、共観福音書記者は、神の力を意味するデュナメイス、という共通した言葉を使ったのです。ヨハネ福音書記者は、もちろん「テラタ」という用語を使わないで、イエスが行った不思議な業のことを、しるし（セーメイア）と称しているのです。全然使ってないかというと、マタイも、共観福音書も、一、二回使っています。ヨハネは共観福音書記者と同様にテラタという用語を一、二度使っています。しかし、否定的なところで使っているのです。テラタを行う人は、人を驚かせるようなことをして、神の子である、とか、あるいは、メシアである、と言っている人ですよ、という文脈で使っているのです。それゆえマタイ、マルコ、ルカなど、共観福音書を書いた人々も、ヨハネも、人を驚かせるようなことを主イエスがして、神の子であるということを言おうとはしていない、ということを自覚していたと言えるのです。しかし福音書の中には、主イエスが病人を癒した、目の見えない人を見えるようにした、足の不自由な人を歩かせるようにしたという記事は、導入しているのです。すなわち、そういう当時の伝承をそのまま採用しているのです。その内容をそのまま採用しているから、そのまま主張しようとした、と読むのは、聖書を読んだことにならないのです。編集の結果新しい文脈が形成されているのです。今日はそのことを講義するのが目的ではありませんから申しませんが、今申しましたのは、パレスティナとその周辺でヨハネは、イエスがメシアであるとの宣教活動を展開したのですが、そのときに、宣教するに当たって、独立流布していた、奇跡物語や、バプテスマのヨハネに関するエピソードとか、言い伝え、あるいは、イエスの受難、復活などのさまざまな言い伝えを用いて、素朴なかたちの福音書を作りました。それをある人は、「しるしの福音書」と名付けました。[R・T・フォートナ『しるしの福音書』（ケンブリッジ大学出版局　一九七九年）です。] その素朴な福音書が書かれたころ、サマリヤ系ユダヤ人クリスチャンがヨハネ福音書記者を指導者とするヨハネの教会に加わったのです。そしてイエスの愛する弟子（Beloved-desciple）として登場する人がいるのですが、その「イエスの愛弟子」、「愛する弟子」が、重要な役割を果たした時期です。ですから、ヨハネ福音書はイエスの直弟子のヨハネが書いたのではないと簡単に言う人がいますけれども、こういうかたちで、影響力があったと理解する方が、むしろ学問的には正しいと言えるのです。もちろん今のかたちの福音書を書いた人ではありません。

(2)第二段階　CE八〇年—九〇年頃

紀元八〇年から九〇年、イエスをキリストと信じる者が続出したのです。そうしますと、ラビ的ファリサイ的、ユダヤ教の指導者ラバン・ガマリエル二世によるユダヤ教の十八祈願の改訂版とその適用による会堂追放（アポシナゴーゴス）がこの時期に起こったのです。この時期に問題になったことは、イエスをどう理解するかという「キリスト論」論争であるといえるのです。ヨハネはイエスを「先在の神の子」、すなわち、万物が造られる前からイエスは神の子であると主張しています。これは、ヨハネのプロローグに相当する一章一節から一八節のところに、はっきりと示されています。イエスを先在の神の子と見做す「高度なキリスト論」を展開しているのです。これが後にグノーシス主義者たちによって誤解され、援用されるのです。これについては、別の機会に言及いたします。この時期の後半に、ヨハネ教団はデカポリス地域とシリアの国境付近から小アジアへと移動するのです。そして後にエーゲ海東岸へと向かったのです。

(3)第三段階　CE九〇年—一一〇年頃

ヨハネとその教団から正統的教会が、紀元九〇年から一一〇年頃誕生します。これが初期カトリック教会へと発展していくのです。その方向にすすむグループと、ヨハネの「高度なキリスト論」の影響から、二元論的（デュアリスムス）救済論を唱えるグノーシス主義者をはじめ、多くの分離主義者が生じたのです。これは、啓示者同様、自らもグノーシスを認識するとする、要するに最高の知恵を認識する、と主張するグノーシス主義者たちや、イエスを先在の神の子が仮の姿をとって、この世に来たものと見做す仮現論者として知られているグノーシス主義者を生みます。あるいは後に、キリスト教に非常に近いのですが、やはりユダヤ教の慣習や教えを引きずっていた、エビオン派、あるいは、ナザレ派などの分派を輩出する道をヨハネ福音書それ自体が開く結果となったのです。すなわち、二十世紀の前半、ヨハネ福音書というのは、非常に高度な神学的な福音書であるが、グノーシス主義者たちが書いた文書かもしれない、などと言われてきたのです。ブルトマンなどがその代表的学者です。日本にもその説に影響を受けた人がたくさん出ましたが、実際はその反対なのです。反対というのは、ヨハネ福音書が、最初素朴なキリスト論を書いていた、これでは、対ユダヤ教との論争に勝てない、説得力がないので、「高度なキリスト論」をヨハネという人は非常に神学的なものの考え方をする人でしたから、自分の思想を反映している用語を用いて、イエスがキリストであることを証言したのです。［この内容については今回のセミナーの一つの目的ですから、三回目で申します。］その時にどういうことが起こったかと申しますと、その「高度なキリスト論」のある一部分を援用して、グノーシス主義者たちがそれを敷衍して、自分たちのキリスト理解を伝えたのです。あとで三世紀、四世紀の教父たちから批判されて、その教父たちが、グノーシス主義者たちはこういうことを言っている、しかしそれは間違っている、という文脈中に異端者たちの主張の内容が出てくるのです。すなわちグノーシス主義者たちの一次資料ではないわけです。教父たちによって、自分の論争相手の人は、こういうことを言っている、というかたちで、証拠が残されたのです。そのグノーシス主義者たちの一次資料が、前に述べましたように一九四五年にエジプトのナグ・ハマディから発見されたのです。これは、異端者たちの書き残したり用いた資料が発見されたのですから、貴重な歴史資料なのです。一次資料が出てきたのです。この研究は今なおすすめられています。ここで大事なことは、ヨハネ福音書はグノーシス主義の影響を受けて書かれた文書ではなくて、ヨハネ福音書からグノーシス主義的ものの考え方をする人が出てきたという点です。そのことについては三回目のときに少し詳しく述べますけれども、ヨハネがグノーシス主義者であったということではないのです。一人の人の書いたものが正統的に解釈されるか、あるいは異端的に読まれるかは、次元の異なる問題なのです。ですから、例えばヨハネの後継者である、手紙一の著者は、キリストの人性を否定するものをアンティクライスト［Anti-Christ 反キリスト］であると批判したのです。また、手紙二の著者は、イエスの愛のいましめを実践しない者を分離主義者と見做したのです。これらのことについては四回目に取り上げます。手紙三の著者は、ヨハネ教団との関係を示唆するハウスゲマインデ（Haus Gemeinde 家の教会）の歴史的存在を垣間見せていると、わたしは書きました。ヨハネ福音書記者の思想を正しく受け止めた人たちが、ヨハネの手紙を書いた人たちであって、それが、後に古ローマ・カトリックの方向、すなわち正統的なキリスト教会となっていったのです。そしてそのある一部分だけを、「高度なキリスト論」の高度な部分（これは、三回目で扱いますけれども）を自由に解釈していった人の中から、グノーシス的な考え方をする人たちを輩出したのです。すなわち、一人の人が書いた作品が後にどう読まれるか、ということが次の世代の問題であって、ヨハネがグノーシス主義者であったと考える訳にはいかない、というのがわたしたちの理解です。ではどのようなことが問題になっていたかということは、ヨハネ福音書に特徴的な、三つのキリスト論、すなわち「ロゴス・キリスト論」と、「先在のロゴス・キリスト論」と、「人の子キリスト論」、の三つのキリスト論を次回に取りあげたいと思っております。

ヨハネ福音書の「先在のキリスト論」のあたりからグノーシス的なものの考え方が出てくるのもやむを得ないとも言えます。しかしそれは、繰り返し申し上げますように、ヨハネはそれでもってグノーシス主義者たちが言うようなことを言おうとしたのではない、というヨハネの思想の構造を次回に言及いたします。

三　ヨハネ福音書の歴史とその中心的神学思想―キリスト論を中心に―

1(1)　ヨハネ福音書の歴史というときの問題点について

今回の三回目は、「ヨハネによる福音書の歴史とその中心的神学思想」と副題の「キリスト論」を中心にという項目を扱います。序のところに、1「ヨハネ福音書の歴史というときの問題点について」、序の2としまして「ヨハネ福音書の神学というときの問題点について」といたしました。

まず最初に、ヨハネ福音書の歴史と神学という表題の書物が国の内外でたくさん出版されるようになりました。ヨハネ福音書の歴史というのは何を意味するのかということですが、これについては前回言及いたしました。すなわち、ヨハネ福音書を書いた人の置かれている歴史的な環境と立場です。それをわたしは三つの段階に分けて福音書が書かれた経緯についてお話しいたしました。二一章を別としてヨハネ福音書大部分を書き上げた人、わたしたちはヨハネ福音書記者と言っているわけですが、その人が今のかたちの福音書にするときに用いた、前段階の素朴な「しるしの福音書」から現在のかたちの福音書へと増補・改訂されていった過程を申し上げました。今のかたちの福音書が、後の時代にどのように読まれていったか、そしてその結果、正統と異端が、ヨハネ教団の中に生じていくという歴史的な事情を、一世紀の中頃から二世紀の初めの頃までのことについて言及しました。そのヨハネ福音書記者が素朴なイエスの教えとか、イエスにかかわる、イエス・キリストの振舞いを、あるいはイエス・キリストから学んだこと、示された信仰の内容をまとめることを余儀なくさせた歴史事情を、ヨハネ福音書の歴史と表現しています。前回その一端について言及しました。わたしたちは、今日、教会の礼拝の中で信仰告白をしたり、賛美歌を歌ったりするわけですが、そういうかたちでイエスをロゴスとして賛美する素朴な「ロゴス賛歌」や、イエスの教えの素朴な伝承とか、あるいはバプテスマのヨハネの伝承などを用いて、今のようなかたちにまとめ上げていく歴史があったのです。素朴なイエスに関する伝承を集めて伝道するだけではどうしても対応できないヨハネ福音書記者を指導者とする教団の内外の事情に、ヨハネの教団も巻き込まれていったのです。ヨハネの教団に脅威をもたらす、ユダヤ教側のすぐれた思想家たちの挑戦に対抗するために、ヨハネ福音書記者は、今のようなかたちの福音書にまとめ上げていく必要が生じたのです。現代的にいうなら、素朴なかたちのキリスト論から、より「高度なキリスト論」に展開しなければ、自分たちのキリスト教会を維持できないという、そういう敵対する勢力のすぐれた思想に直面したので、今のようなかたちの福音書を叙述せざるを得なかったのです。

すなわち、「ヨハネ福音書の歴史と神学」という場合の「歴史」は、共同体内部で十分通用する神学的に素朴な思想が、周辺の歴史的変化から、現在の大部分のヨハネ福音書のかたちの福音書執筆を余儀なくさせた歴史的環境の変化のプロセスを意味しています。

次に序の2の、ヨハネ福音書の神学というときの問題点について、簡単にふれます。『新約聖書神学』という本格的な書物を、日本人で執筆したのは、畏友の一人の八木誠一氏と、ドイツ語圏の業績を紹介する形のわたしの恩師・初代新約学会長の故・山谷省吾先生による『新約聖書神学』と、序説だけで終わりましたが、関西学院大学の新約学教授で二代目新約学会長の故・松木治三郎先生の『新約神学』の三つの著書だけです。

ドイツ語、英語圏ではたくさんあります。その中で一番代表的なものは、ルードルフ・ブルトマンの『新約聖書神学』です。その後弟子のH・コンツェルマンの『新約聖書神学概論』が、さらにエレミアスやキュンメルや

E・ローゼなどのドイツ語圏の人々の著作が邦訳されています。そして英語圏ではわたしが若いときに友人と二人で訳しました、アラン・リチャードソンの『新約聖書神学概論』（日本基督教団出版局、七〇〇ページ近い大作です。）と、同じタイプの書物でドイツ人のE・シュタウファーの著作です。この二書は、新約聖書二十七巻は異なる人が執筆したが、その基底をなす共通の思想とテーマがあるという観点から、例えば、新約聖書の救済論、教会論、聖霊論、信仰論、人間論と言った項目を立てて、新約思想を大系化した著作です。新約聖書を貫いている主要な思想をもってまとめている著作が、A・リチャードソンとE・シュタウファーの業績であると言えます。別の表現で言えば教義学への橋渡しをするタイプの新約神学（思想）研究の業績と言えるのです。ブルトマンはじめそれ以外の著作は、新約聖書をそのような統一的な思想でまとめることは不可能であるという観点から、個々の聖書を書いた人たちの思想を歴史的発展をたどるという形で叙述した業績です。注目したいことは、ブルトマンは、新約聖書二十七巻の中でいわゆる神学（思想）といえるほどのものを書いたのはヨハネとパウロしかいない、という意味のことを述べていることです。ブルトマンはほかの聖書記者の神学思想を、ほとんど扱っていません。ブルトマンは、数多くの業績をあげた二十世紀を代表する新約聖書学者です。イエスの教えをすぐれた「学」と言えるような（神理解を扱う学問ですから神学というのですが）、新約聖書神学思想を展開したのがパウロとヨハネであるとブルトマンは言うのです。そのとおりである、と言えます。もちろん最近の二、三〇年間は、マルコやルカやマタイも、各々独特の思想をもっていたとして、個々の福音書記者の思想をまとめる努力が、例えばこれも日本語に訳されていますが、コンツェルマンという人が執筆した上述の新約神学に関する大著も（彼の恩師のブルトマンが欠けているところを補うのだと言っていますが）、目次を見ていただければわかるように、結局はマタイ、マルコ、ルカに関してはヨハネとパウロの三〇分の一くらいのページしか割いていないのです。共観福音書については、二、三〇ページ分ぐらいしか書いていないのです。すなわち何と言っても新約聖書の中の執筆者たちの中では、パウロとヨハネが、当時のユダヤ教、あるいはギリシア、ローマの世界の中で、思想家たちあるいは哲学者たち、他の指導者たちを論駁するに相応しい論を展開した神学者であると言ってよいと思います。コンツェルマンは、ブルトマンが、共観福音書が神学という概念のもとには含まれない、と言っていることに対して、ブルトマンが看過した共観福音書記者の神学をも書くのだと著述の目的において述べております。しかし、コンツェルマンの『新約聖書神学概論』においては、共観福音書記者たちやパウロ後の手紙の著者たちの思想にはほんのわずかのページしか割いていないのです。先程申しましたように、新約聖書神学というあるいは新約聖書の思想を教会論、終末論、救済論、聖霊論、人間論と言えるような独自の論を展開しているのが、パウロとヨハネだけと言ってよいと思います。しかも、パウロがユダヤ教の中にとどまっていたならば、すなわちイエスとの出会いを経験しなかったならば、恐らくユダヤ教のすぐれたラビの指導者の一人となっていたといってよい人物ですし、ヨハネ福音書記者もそうです。二人とも、そういうすぐれた人物でした。それだけに一番最初に申しましたように、ユダヤ教のユダヤ人の指導者から見ると、パウロとヨハネは強敵であったのです。こういう事柄が、パウロとヨハネの書いた手紙や福音書を読みますとたくさん反映されていることに気づかされるのです。

1(2)　ヨハネ福音書の神学という時の問題点

序の2のところで「ヨハネ福音書の神学という時の問題点」としましたのはやはり、新約聖書思想家、あるいは神学者と今日的意味での用語で言う場合は、パウロとヨハネの二人であると言わざるを得ません。ヨハネの神学者としてすぐれている中でもとりわけ顕著なのは、イエスは誰かという問題、すなわちキリスト論にある、という点です。そこで私は本論としてヨハネのキリスト論を、三つの観点からとらえるのが最も適切である、と考えています。それゆえ、ヨハネのキリスト論を⑴「神的エゴー・エイミー（egō eimi）キリスト論」、⑵「栄光の人の子キリスト論」、すなわち「人の子キリスト論」と、⑶「先在のロゴス・キリスト論」の三つを明らかにすれば、ヨハネ福音書記者の中心的思想のおおかたのところはわかると言ってよいのではないかと思っています。結論として言えることは、イエスの受肉から十字架に至る地上のイエスというわたしたちの歴史の中で歴史を歩まれる神、すなわち受肉のイエスと、十字架に至る歴史的生涯が、栄光の十字架、高挙（天に上げられるということ）から、ヨハネ教団への御霊の派遣と教会の中に現臨（presentia Christi）している、その体験というこの十字架高挙を、それと御霊の現臨を経験しているヨハネ福音書記者の教団の視点からのイエス理解がヨハネ福音書に叙述されているのです。ですからそういう視点からヨハネ福音書をもう一度読み直しますと、今まで解釈の上で議論されてきた聖書の箇所が、理解しやすくなってきます。そのうちのいくつかについて、これから指摘いたします。二番目はヨハネ福音書記者の正統的でない後継者の中から仮現論的キリスト論を唱える人々が現われますが、ヨハネはそのことを主張する意図はなかったと言ってよいのです。しかし、ヨハネにその意図はなかったにもかかわらずその作品があるかのように受け止められることはあるのです。とりわけ本日の講義の本論の中の「栄光の人の子キリスト論」というところが関係してきますが、異端者を生む要因はあったのです。ということは、ヨハネ福音書という一つの作品それ自体は、グノーシス主義の立場から執筆されたのではなくとも、それが後に仮現論を生む読み方をされることとは次元の異なる問題なのです。繰り返しになりますが、二十世紀の中頃までは、ヨハネ福音書はもともと異端的な思想家の書いたものであるから、異端思想を含む文書であると見做されてきたのです。しかし今日の国際学会では、そういう論は承認されていないと、言ってよいと思います。それが今日の結論です。

2　ヨハネのキリスト論

⑴　神的エゴー・エイミー・キリスト論

これはエゴイズム（egoism）の語源となるエゴー（egō）ですから、英語のアイ（I）に相当しており、エイミーが be 動詞ですから、エゴー・エイミーということは I am ということです。そしてここに、補語があれば、「わたしは～です」という文章になるわけです。ギリシア語では動詞の中に人称が含まれています。アガパオー（agapaō）といえば、「わたしは愛する」となります。語尾の変化だけで「わたしは愛する」、「あなたは愛する」、「彼（彼女）は愛する」というようになるのです。ということは、動詞の活用語尾だけ見れば、人称代名詞を入れなくても、主語はわかるのです。人称代名詞を用いる時はふつう、その人称を強調するときに用いるのです。今日はそのことが関係しますので、少しお話しをいたしました。その具体的例として、八章二四節の途中から引用しました。ヨハネ福音書におけるエゴー・エイミーの用例は他の新約聖書文書と比較して全く独特な性格をもっています。これはヨハネ福音書記者の思想とヨハネ福音書文学の生成解明に重要であり、その起源と内容理解をめぐって多くの議論が重ねられてきました。例えば、「わたしは～です」という表現はヨハネ福音書中にたくさん出てくるのですが、一番わかりやすいのははっきりと、「わたしは～です」というときに、補語、述部を伴っているものです。例えば、「わたしはまことのぶどうの木、あなたがたはその枝である」という有名な一五章の言葉があります。一五章一節と二節にでてくるのですが、これは「わたしは～です」エゴー・エイミーそして「ぶどうの木」という補語があるわけです。さらに有名な聖句は、ヨハネ福音書四章一六節に「わたしは道であり、真理であり、命である」という節です。要するにエゴー・エイミー…道ですから、ヘ・ホドス(hodos)が続き、それから真理ですから、ヘ・アレセイア(aletheia)が続き、生命ですから、ヘ・ゾエー(zōē)という補語が加わるのです。そうしますと「わたしは道であり、真理であり、命である」となります。それから一一章二五節には「わたしはよみがえりである」という言い方があります。さらによく知られているのは「わたしは世の光である」という表現です。さらに六章には「わたしは命のパンである」とあります。これははっきり「わたしは~です」と主語の中身、すなわち、補語がはっきりと示されているのです。それから補語がないけれども、その文脈から明らかに補語に相当する語が意味されているとわかる文もあります。例えば前回申しましたようにヨハネ福音書一章の冒頭(プロローグ)のロゴス賛歌のあとの記事単元ですが、バプテスマのヨハネがヨルダン川のほとりで洗礼活動をしているので、調べてきなさいと、レビ人たちが「ユダヤ人たち」(前回はユダヤ人が派遣するというそのような権威を有するユダヤ人とはだれか、という観点からお話ししましたが)から派遣されて、主イエスにあなたはだれか、エリヤかとか聞きます。「わたしはメシアではない」、と主イエスは言ったのです。これは否定文で言ったので、わたしはメシアではないと表現されているのです。肯定文のわたしはメシアです、という表現が否定されているだけのことですから、エゴー・エイミーの表現ともちろん構文は同じです。そうしますと、ヨハネは「では何者か、エリヤか」と言うとヨハネは「違う」と言います。これは、ウ・エイミー(ou eimi)、I am not(そうではない)という表現です。エリヤですかと言うと、これを否定して「わたしは~でない」と言っているわけです。ではあの預言者ですか、と言うと、今度は「ない」「ウー(ou)」だけしか言わないのです。英語でいえばnotあるいはNoとしか言わないのです。そう答えていますけれども、いずれにしてもメシアか預言者かを補う言葉が、前後の文脈からあると理解していいわけです。ですから、「わたしは世の光である」とか、「わたしは命のパンである」とか、補語がはっきりしている文と同じと言えます。補語はないけれども、前後関係から預言者であるとか、メシヤであるとか、そういう言い方をしているエゴー・エイミーという句（補語が省略されている文）なのです。

それに対して今日お話ししますのは、補語（又は述部）がない用例です。エゴー・エイミーという用語だけが独立して用いられているのです。これをわたしたちは、エゴー・エイミーの独立的用法といいますが、これだけ、もし訳すならば直訳ですと「私はです」としか言いようがないのです。「わたしである」「わたしです」という、エゴー・エイミーという語の独立用法で主イエスが自分のことを言っている例を取り上げます。たとえば、八章二四節ですが、ここの前後を読みますと、八章二四節と五八節に出ています。二四節から読みますと、「だから、あなたたちは自分の罪のうちに死ぬことになると、わたしは言ったのである。」そして、「『わたしはある』ということを信じないならば」、（この用例です。今度の新共同訳では「わたしはある」と訳されています）「『わたしはある』ということを信じないならば、あなたたちは自分の罪のうちに死ぬことになる。」二五節で「彼らが、「あなたは、いったい、どなたですか」と言うと、イエスは言われた。『それは初めから話しているではないか。』あなたたちについては、言うべきこと、裁くべきことがたくさんある。しかし、わたしをお遣わしになった方は真実であり、わたしはその方から聞いたことを、世に向かって話している。」と記されています。二七節に「彼らは、イエスが御父について話しておられることを悟らなかった。」と記されています。この文脈における「ユダヤ人たち」です。二八節には、「そこで、イエスは言われた。あなたたちは、人の子を上げたときに初めて、『わたしはある』ということ、……分かるだろう。」と記されています。ですから今度の新共同訳ではそこのところは二重括弧に入っているのです。『わたしはある』と記されています。これが「エゴー・エイミー」という表現です。「あなたたちは、人の子を上げたときにはじめて、『わたしはある』ということ、また、わたしが、自分勝手には何もせず、ただ、父に教えられたとおりに話していることがわかるだろう。」と描かれているのです。ここに『わたしはある』と二重カギ括弧に入っているのは、ギリシア語原典では、「エゴー・エイミー」と書いてあるだけなのです。『わたしはある』ということを信じないならば、という二四節も同じです。もう一つの例に言及します。八章五七節です。ユダヤ人たちが、「あなたは、まだ五十歳にもならないのに、アブラハムを見たのか」、とイエスに問うのです。「はっきり言っておく。アブラハムが生まれる前から、『わたしはある。』」とイエスは言ったのです。アブラハムが生まれる前からわたしはある。アブラハムが生まれる前からわたしは『エゴー・エイミー』と言ったのです。「わたしはある。」「わたしはそれである。」と言ったのです。ですから五九節以下に、「すると、ユダヤ人たちは、石を取り上げて、イエスに投げつけようとした。しかし、イエスは身を隠して、神殿の境内から出て行かれた。」と描写されています。すなわちこれは、石打ちの刑に値する発言なのです。ステファノが石打ちの刑にあいましたが、ステファノとこの記事を対比してください。それともう一つ、一三章一九節です。一三章一四節以下に次のように記されています。「ところで、主であり、師であるわたしがあなたがたの足を洗ったのだから、あなたがたも互いに足を洗い合わなければならない。」これは「洗足のイエス」として広く知られている記事です。主イエスが十字架にかかる前に弟子たちに対して互いに仕えることを教えた主イエスの言葉として、有名な箇所です。新約聖書中ヨハネ福音書だけに出てくるすばらしい教えです。「わたしがあなたがたにしたとおりに、あなたがたもするようにと、模範を示したのである。はっきり言っておく。僕は主人にまさらず、遣わされた者は遣わした者にまさりはしない。このことが分かり、そのとおりに実行するなら、幸いである。わたしは、あなたがた皆について、こう言っているのではない。わたしは、どのような人々を選び出したか分かっている。しかし、『わたしのパンを食べている者が、わたしに逆らった』という聖書の言葉は実現しなければならない。」と記されています。この少しあとでユダの裏切りが出てきます。一九節のところが一番大事なところです。「事の起こる前に、今、言っておく。事が起こったとき、『わたしはある』（エゴー・エイミーという表現です。非常に単純な表現なのです。）ということを、あなたがたが信じるようになるためである。」だからわたしはあなたがたに話しているのであると、主イエスは述べているのです。「はっきり言っておく。わたしの遣わす者を受け入れる人は、わたしを受け入れ、わたしを受け入れる人は、わたしをお遣わしになった方を受け入れるのである。」「イエスはこう話し終えると、心を騒がせ、断言された。はっきり言っておく。あなたがたのうちの一人がわたしを裏切ろうとしている。」（これはもちろんユダの裏切りのことです。）

今日わたしがお話ししたいことは、ほんの要点しか指摘できませんが、こういうことなのです。この『わたしはある』という、日本語にすればわかりにくい表現ですが、このようにしか訳すことができない用語なのです。二四節も一三章一四節以下のところも、エゴー・エイミーの独立用法によって描写されているのです。今申しましたように、八章五八節も一三章一九節も同じです。このような描写は現代人であるわたしたちにはわかりにくいのですが、聖書の時代のこの話を聞いているユダヤ人にとっては何もむずかしいことではなかったのです。旧約聖書のこの形式における告知は、神が自分自身をあらわすときに（自己顕現、自己啓示といいます）、それに伴う救いの約束の付与を意味しているのです。またその、エゴー・エイミーの独立定式を伴う告知は、聞く者をして救済と審判に直面せしめる、そういう裁きと救いに関係しているときに、このエゴー・エイミーの独立用法で書かれるのです。旧約聖書はヘブライ語とアラム語で書かれるのですから、エゴー・エイミーではないと思うかもしれませんが、そのとおりなのです。それが紀元前三世紀にヘブライ語、アラム語は、パレスティナ地方の特定の地域のユダヤ人しかわかりませんから、これを広く読んでもらうためだけではないのですね。実際は地中海世界全域、あるいはメソポタミヤ地方にまで散っているその地域の、居住地域のユダヤ人たちの中には、ヘブライ語、アラム語を理解できないユダヤ人たちも多数いましたから、当時の地中海世界の共通語とも言えるギリシア語に訳す必要があったのです。それが、周知の七十人訳聖書（セプトゥアギンタ Septuaginta）です。エジプトのアレキサンドリアで、七十人とか七十二人が訳したという伝承がありますが、ヘブライ語、一部アラム語の旧約聖書が、ギリシア語に翻訳されたのです。その、旧約聖書のヘブライ語とギリシア語に訳されている部分の一部だけ対比した資料をお配りしました。［イザヤ書四三章一〇節のヘブライ語原文とその七十人訳のギリシア語の原文とその日本語訳参照。同様にイザヤ書四五章一八節。］さらにこの定式を伴う告知は、その内容が神的起源、神的権威を有することを示しています。さらに出エジプト記のところを読みますが、エゴー・エイミー、「わたしがそれである。」「わたしはある。」そういうことを言っている人を知る知識は、神が行った業を通して獲得できると描写されています。

次に出エジプト記六章七節ですが、これも非常に重要な箇所です。ヨハネ福音書におけるエゴー・エイミーの独立的用法が今述べたようなこれらの箇所の背景となっていますが、より直接的な背景としては、預言書、特に第二イザヤの七十人訳ギリシア語訳に見い出すことができます。その第二イザヤでの箇所では、神の唯一性、神の現在性（神は今現在わたしたちと共におられるという信仰経験、神理解）、神は唯一であるということ、神の名が語られているときに、あるいは、語る人において、神は表わされているという、そういうエゴー・エイミーの用法が、第二イザヤの中に出てくるのです。もちろん、イザヤ書ですから、ヘブライ語ですが、イザヤ書四三章一〇節のヘブライ語（原文）です。これが、ウェタビヌー（w^{e}tbinu）キー・アニー・フー（ki' ani hu'）なのです。これを七十人訳聖書はスネーテ・ホティ・エゴー・エイミー（sunēte hoti egō̃ eimi）と訳しています。すなわち、「わたしは理解する」、ホティというのはthatですからthat以下のことを、「わたしが」理解するとなり、あとは訳語を選ぶのに苦労するのです。新共同訳の方では、「わたしはある」、ということをわたしたちは、（わたしは）理解すると、イザヤ書四三章一〇節のところは訳しているのです。理解する内容がエゴー・エイミーなのです。四五章一八節も同じです。ani YHWHです。母音をつけるとエホバになってしまうのです。（YHWH）これは普通母音をつけないで今度の新共同訳では全部ヤハウェと訳しました。YHWHです。母音がつきますと、イェ、ホ、バー、エホバになります。ですから、「わたしはヤハウェです」となりますから、ギリシア語七十人訳聖書では、エゴー・エイミー・キュリオス、「わたしは主である。」と訳されているのです。英語では、I am the Lord.となります。そういうふうに、あとに続く言葉は エイーン・エオド（we' in eod）ですから［and one any more : none else (is) ですから］、直訳すると、他の何物でもない、ということです。それは、前の文章でいいますと、わたしの他に神はない、と、こういう訳になっていますが、それは、ギリシア語がよほどわかりやすくて、カイ　ウーク　エスティン　エティ（kai ouk estin eti）です。ですから、直訳すると「わたしです」を否定しているのですから、「わたし以外のものはない」と訳せます。ですから、新共同訳のように「わたしは主である」、「わたしのほかに神はない」と訳せるのです。ヨハネ福音書記者が引用しているのは、こういう旧約聖書の、特に第二イザヤで使われている定式です。それがヨハネ福音書記者の中に影響を与えている、と言えるのです。すなわち、イエス・キリストが旧約の場合ですと、ヤハウェが自らを人々に顕現するとか、今、一緒に在すとか、あるいは、ヤハウェは唯一の神であって、他の神々とは異なる、と告げているのです。エゴー・エイミー・アニ・フーという言葉でもって、人々に神の名を示したように、実はヨハネ福音書記者はイエスの唯一性と、イエスが神にほかならないということ、また、イエスが独立的な神性（ディビニティdivinity）を有する神聖な存在であり、神と分かつことのできない一致性（oneness）を有する存在である、あるいは、神の名イエスこそ、神の名そのものであるとか、神の名を顕現しているということ、すなわち、換言すれば、イエスこそ啓示者にほかならないことを告げているのです。こういうことをヨハネ福音書記者はエゴー・エイミーという言葉の独立用法を用いてイエスのキリスト、救い主であることを力強く告知しているのです。しかも注目すべきことは、ユダヤ教と決定的な違いになってくるわけですが、アブラハムの生まれる前からわたしは有った（存在した、エゴー・エイミー）と宣言していることです。ということは、アブラハムは今話を聞いている人々、イスラエル民族に属する人々の祖先に当たる人物であるアブラハムが存在した以前にイエスは存在していたと言うのですから、自分は神にほかならない、ということの宣言なのです。これは後に述べるロゴス・キリスト論ともみごとにつながっていくのです。「初めに言があった。言は神と共にあった。言は神であった。」そして「万物は言によって成った。」と記されています。あとで言及するロゴス・キリスト論です。これも、イエス・キリストは被造物ではなく、造物主とともに万物を創造された方である、ということです。それゆえ、アブラハムが存在する前に既に存在していたのだということは、わたしたちキリスト教側の、三一論、父なる神、子なる神、そして、その父なる神と子なる神は同質（同一の実体homoousiosであって、類似の実体homoiousios）ではないということなのだ、同じ働きをなさる、この地上における神の働きがイエスという人においてなされたとの教えであるということの告知なのです。それゆえ地上を歩む神という観点からヨハネは、イエス・キリストを理解しているのです。それを当時の人々にヨハネは伝えたかったのです。一番の問題は、ユダヤ教のユダヤ人から見れば、父なる神が絶対的な神ですから、子なる神を神とすることは神を冒瀆することになるのです。イエスがアブラハムの存在する前からいるということは、イエスが神にほかならない、といったことになるのです。イエスは神と「同一の実体」だということです。もちろん、四世紀あたりから三一論が確定してきて、どの教会でも、使徒信条を告白するわけですが、あの三一論的な考え方の萌芽が、もうヨハネ福音書の中にはこういうかたちで出ているのです。ヨハネのこのようなキリスト論を正しく担った人たちが、古カトリック教会の流れをつくっていく、すなわち、正統的なキリスト教教会へと発展するのです。

ヨハネ福音書が神的エゴー・エイミー、特にエゴー・エイミーという旧約聖書のことば、ヘブライ語のアニ・エフーということばの七十人訳聖書に使われている翻訳のエゴー・エイミーの線に沿って、ヨハネの主イエス理解にして、イエスという人はまさにそういう存在なのである、ということを示したのです。これがユダヤ教とキリスト教の分岐点となっていくのです。それで前に言及しましたように、パウロとヨハネが「反セム主義」（アンティ・セミティズム Anti-Semitism）とか、「反ユダヤ主義」（アンティ・ジュダイズム Anti-Judaism）のときにいつも批判の対象になるのはこういうヨハネやパウロのキリスト論も原因の一つである、と言えるのです。批判の対象となるということは、新約聖書記者の中でこの二人はそれだけの優れた神学者・思想家であったということです。

出エジプト記三章一二―一五節のところで（モーセが十戒を受けるところです）「神は言われた。わたしは必ずあなたと共にいる。このことこそ、わたしがあなたを遣わすしるしである。あなたが民をエジプトから導き出したとき、あなたたちはこの山で神に仕える。」と記されており、次いで一四節で「神はモーセに、わたしはある。わたしはあるという者だ。と言われた。」と記されています。これも、わたしはあると表現されています。

これがエゴー・エイミーです。「わたしはあるという者だ。」これも、七十人訳聖書のほうではちょうどエゴー・エイミー・ホ・オーンというエイミ動詞の分詞形で記されていますが、英語で訳すときは I am who I AM（I AM that I AM）であり、関係代名詞を用いなければ、I am The Being（大文字で）と描写されます。「わたしは存在する」、「存在その者である」と七十人訳聖書はこの箇所のヘブライ語を訳しています。ですから、I am who I am. I am The Being.（I am that I am.）と表現することができるのです。わたしはある。わたしはあるという者だ。というときも同じです。それゆえ、バプテスマのヨハネが「わたしではない」、「わたしではない」、という場合、単にわたしはメシアではないと、バプテスマのヨハネが「わたしはある」という人は、あのナザレ出身のイエスですと告げているのです。わたしはその人のくつのひもを解くに値しない人です、あの方が、「わたしはある」という方なのです、ということがその記事の背後にあるのです。ですからモーセが見ることもできない、ただお告げを芝の燃える中で聞くという（見れば目がつぶれるという）、そういう旧約の神顕現がイエスという人において、「わたしはある」、「わたしはあってあるもの」は、ほかならぬイエスなのです、とバプテスマのヨハネは告げているのです。ヨハネ福音書記者が八章や一三章で、そのような内容のことを述べているのです。人の子を上げたとき、あなたがたは、「わたしはそれである」ことを知るであろうとヨハネは告げているのです。しかも、八章二八節で、イエスは言われた、あなたたちは、人の子を上げたときに初めて、「わたしはある」ということ、「エゴー・エイミー、わたしはあるということ」、わたしが、自分勝手に告知しているのではなく父に教えられたとおりに話しているのだということが分かるであろう。すなわち、あなたたちは人の子を（あとでおはなしする「人の子キリスト論」）上げたとき、（これは上げると訳されています。人（アンスローポス anthropos, a person）の子（hyios, son）、それから、人の子ということばと「上げる」シュプスーン

(hypsoun) ということばと、それと、「わたしはある」(エゴー・エイミー) の三つのことば (句) が一つの節の中で同時に出ているのがこの二八節です。あなたたちは人の子を上げたとき、シュプスーン (hypsoun)「わたしはある、エゴー・エイミー」がわかるだろう、と記されているのです。ということは「上げた」ということばはエズデケーフ ('ezd^{e}q^{e}ph) というアラム語を翻訳したものです。このことばは上に上げる、ちょうどモーセが神様にぶつぶつ不平を言っていた出エジプトのときに、罰として人々が疫病にかかり、モーセが青銅のへびをかかげてそれを見上げると、それが治ったという故事があります。それとヨハネ福音書記者は、イエスが十字架に上げられるのを対比しております。その上げるということ、そして神のもとに高挙、高く上げられるという二つの意味を含んでいます。すなわち、十字架にかけられるということと、(この短い八章二八節のことばの中に、十字架につけるということばと、天に上げられる、即ち、十字架復活高挙と、この上げるということばの中には、二重の意味が込められているのです。) イエスが自分のことを人の子と言った共観福音書にもありますが、「ヨハネの人の子」句は、こういう結び付きで語られているという独特な意味を持つ用語なのです。「アッバ　父よ」と言われたものと同質だということを示す、エゴー・エイミーです。これがすべてイエスに適用されてここに同時に書かれているのです。ですからヨハネの思想の中には、本当に後のわたしたちが今日二千年の歴史を貫いて在るキリスト教の一層の発展のため、また宗教的要素を根こそぎ払拭しようとする諸思想と戦うときに、ヨハネ福音書がいかにキリスト教のキリスト教たることを維持するために、すなわち、キリスト教のアイデンティティーを守るために、ヨハネ神学というのはパウロと並んで重要であったかがわかるのです。すなわち、ヨハネのキリスト論は三位一体の神理解の基礎を示しているといってよいのです。

(2) 栄光の人の子キリスト論

次は「栄光の人の子キリスト論」です。これは、たとえばヨハネ福音書の中に一番最初は二章にカナの婚礼の記事が出てきます。水をぶどう酒に変えるという自然奇跡物語伝承です。今度は、カナでまた役人の子を癒すという（治癒奇跡）を行います（四章四六—五四節）。その間たくさん奇跡を行っているにもかかわらず、そこには、第二のしるしを行った、一番目は二章のカナ、二番目は四章の終わり（四章五四節）のカナで行われたとあります。「カナからカナへ」です。しかしその間にたくさん奇跡は行われました。それは、なぜたくさん記録されているのかということも（今日の目的でないので申しませんが）、すべて学問的には説明がつきます。

今日の話は五章、ベトザタ、（一九四五年以来用いてきた「協会訳」はベテスダといったのですが、本文決定の際に採用する写本の関係で新共同訳ではベトザタとなりました。）今日、ステファノの門から入って右側に聖アンナ教会があって、その教会の中から前世紀以来発掘がなされて、聖地を訪れる人は必ずといってよいほど立ち寄る場所です。石の文化ですから、破壊と再建が繰り返され、現在はCE一〇〇〇年代の十字軍の時代に建てられた教会の敷地内にあります。そのベトザタの池における治癒奇跡物語が五章に出てきます。三十八年間病気であった人が癒されたという伝承です。九章には、生まれつき目の悪かった人が、イエスに出会って癒されたという話が出てきます。

一一章になると、ヨハネ福音書の中にも、聖書の時代のことですからイエス・キリストの活躍した時代の前後には、セイオス・アネール(theios anēr)、「神的人」とか、神であり人である、「神人」と訳されているそのたぐいの人物がたくさん出現しました。[最近はそのような人物を、奇跡を行う人、これの近・現代訳はヴンダーテーター（Wundertäter)、英語のワンダーワーカー wonder worker（miracle worker）です。最近ようやく訳語が定着して、「奇跡執行者」、「奇跡行為者」などと訳されています。」すなわち、病気を癒すとか、自然奇跡を行う人物です。例えば、自分のひとことでヨルダン川を真っ二つに割ってみせる、だから武器をとって集まれなどと高言し、人を集めて革命に駆り立てるなどということをした「自称メシア」に関する記録は、イエスの時代とその前後にたくさん出てきたのです。すなわち「自称メシア」や「自称救い主」はたくさん出現し、自然奇跡もするし、病気も癒す、と公言したのです。特にマルコ福音書などにはそうですが、福音書の中にはこのたぐいの話がいっぱいあるのです。それゆえ、主イエスはやはり「セイオス・アネール」「神人」、「神的人」と理解されていたのではないかと主張する人がいるのです。病気を癒す神イエス・キリストというわけです。こういう存在を神とか教祖とか、聖人として崇めるのは、それは何もヘレニズム時代の紀元前後の地中海世界のことだけではなく日本にもたくさんあるのです。わたしが住んでおります地域にも洗足池があり、弘法大師や日蓮聖人などという人が足を洗ったので、その池の水は病を癒すとか、そういう人物が杖で岩をつつくと清水が湧き出し、それで目を洗うと眼病が治ったとか、傷が治ったとかの伝説があります。このたぐいの話はイエスに関するものだけではなく、地中海世界にはたくさんあったのです。イエスの弟子たちでもペトロとかバルナバも、イエスの名によって癒したということが使徒言行録の中にもたくさん出てくるのです。興味深いのは、ルカが使徒言行録の中でそのたぐいの「奇現象」「不思議な業」を意味するテラタ（terata）という用語を八回ほど使っていることです。前述したように一九五四年の口語訳、聖書協会訳といっている訳では、「奇跡」と訳しています。新共同訳は適切に「不思議な業」と訳しています。この方が適切な訳と言えます。マタイ、マルコ、ルカすなわち、共観福音書記者は、主イエスが行った不思議な業（わざ）を神人、神的人、即ち奇跡行為者がする、テラタという用語を当てていないのです。マタイ、マルコ、ルカはテラタという用語を用いないで、デュナミス（ダイナマイトとか、ダイナミックという言葉の語源の「力」を意味する語）の複数形のデュナメイスという言葉を用いているのです。これを奇跡と訳さなければならないのに、協会訳はテラタの方を「奇跡」と訳したのです。新約聖書で奇跡というのは「デュナメイス」なのです。しかしヨハネ福音書記者はその語も使わないのです。セーメイア［(sēmeia) いう語、これは、セーメイオンの複数形です。］これは「協会訳」も「新共同訳」も「しるし」と訳されています。そしてテラタという語はマルコは一回だけ、マタイも一回、ルカはゼロです。（マタイが一回使っているのはマルコのところを引き写したところですから、実質的には、共観福音書中ではマルコに一つしかなかったということです。）しかもマルコは大変注意深く、主イエスが行った奇跡に対してこの言葉を使っていないのです。これは、偽預言者がする不思議な業であると言っているのです。即ち自覚的にその語を用いているのです。ヨハネも一回だけその語を使っています。しかし、それはマルコと同じく怪しげな人、自称メシアがする業を示すという文脈で的確に用いています。ヨハネも充分理解しているのです。マタイ、マルコ、ルカもヨハネも主イエスが行った、水をブドウ酒にかえたり、病人を癒したりする不思議な力ある業を描写するのに、当時の自称メシアが行ったことを示すテラタ（不思議な業）という用語を避けて、神の力を表すデュナメイスという言葉を用いたのです。ヨハネ福音書記者は「しるし」という言葉を使ったのです。ということは、そういう伝承を福音書を書いた人たちは、イエスにまつわる伝承を採用はしているけれど、奇跡執行者の行う業との違いを十分認識して、伝達しているのです。

それでは、その奇跡の中身は何かということが問題になるのです。それが「栄光の人の子キリスト論」なのです。九章と一一章（五章もそうなのですが、ただ五章は人の子がでてきますので、九章と一一章をその例として取り上げます。）とりわけ、九章は典型的事例で、まずヨハネは病気が重いということ、主イエスと出会って、触れられたら、病気が治りました。その病気が治ったことは人々に示すという治癒奇跡の確認が記されているなど、ヘレニズム時代の治癒奇跡伝承に共通の要素をすべて含む伝承素材をそのまま使っているのです。マルコもそうです。ですから、奇跡物語がマタイ、マルコ、ルカ、たくさんあるのですが、ヨハネ福音書も共観福音書と共通の言葉遣いをはじめとして、同じ文学類型を示しています。その限りにおいては奇跡執行者イエスの姿を描いていると言えます。しかしそれだけに留まっていないことに気づく必要があります。簡潔に言うと、病気は治らなくてもその人にヨハネのいう意味での奇跡が起こったと言えるのです。主イエス・キリストの振舞い（教えとわざ）に触れて、多くの人々に希望と励ましと慰めを与え続けた優れた信仰の詩の数々を残して、先年寝たきりの短い生涯を終えた詩人は、次のように詩（うた）っています。

ひとりではない

一　世の務めをはなれ病いにふすときも／一人ではない　一人ではない
　死んでよみがえられたイエスキリストが／見守りたもう　その目で見つめよ

二　二行省略
　死んでよみがえられたイエスキリストが／話かけたもう　その耳で聞けよ

三　二行省略
　死んでよみがえられたイエスキリストが／励ましたもう　その口でたたえよ

『わが恵み　汝に足れり』水野源三詩集（一九七五年）より。

主イエス・キリストとの出会いを通して、ものの見方と考え方が一変したのです。信仰をもった以後のものの見方と考え方の「支点」が定まっていることをこの詩は示しています。ここには、聖書の意味での奇跡が生起している、と言えるのです。

これから申し上げる九章と一一章に出てくる（五章のベトザタの病人もそうなのですが）セイオス・アネールがするような、イエスが驚くべきようなことをしましたという記事です。しかし、ヨハネ福音書の九章や一一章や五章を注意深く読みますと、そのことに気づかされます。典型的な例は一一章ですが、普通は病気が癒された人は表舞台から姿を消すのです。ヘレニズム時代の奇跡談は、それが典型です。ところが、ヨハネ福音書の奇跡物語においては、癒された人が中心的な役を果たしているのです。そして今度は何が起こるかというと、九章を開けますと、そもそも初めから注目に価することが記されています。生まれつき目が不自由なのは、本人が罪を犯したからでもなく、両親が罪を犯したからでもなく、神様の栄光がその人に現れるためだと聖書は告げているのです。そして病気が癒されて、シロアムの池で洗ってくるところまでが大体、ヘレニズム世界の奇跡伝承の書き方です。その点に限っていえばありふれた奇跡伝承とあまり変わっていないのです。しかしヨハネ福音書ではその人物は物語中から姿を消さずに、表舞台に立っています。この点が特徴的です。そして、あなたを癒した人は誰かと尋問を受けているのです。この時も「ユダヤ人たち」から尋問を受けているかたちをとっています。この人もユダヤ人ですから、たずねている人は「特別なユダヤ人」と思わなければなりません。二二節には、「両親がこう言ったのは、ユダヤ人たちを恐れていたからである。」と記されています。「ユダヤ人たちは既に、イエスをメシアであると公に言い表す者がいれば、会堂から追放すると決めていたのである。」と記されています。これは前にヨハネの歴史のところで言及しました。アポシュナゴーゴス(会堂追放）です。ですからこれは、ヨハネ福音書記者が書いている歴史的な背景が表出していることがわかります。あの方が（イエスが）罪人かどうか分かりません、と答えるのです。「ただ一つ知っているのは目が見えなかったわたしが今は見えるということです。」と言っています。すなわち、このイエスに目を癒された人は、今言えることは、前、見えなかったわたしが今は見えるということなのです、と告白しているのです。これは物理的に見えなかった目が、見える、という意味に理解してもよいのですが、ベトザタの池にしても、先ほどの、詩人にしても、大事なことは、物理的に（生物的といいますか）目が見えるようになったということが中心的なことではなくて、癒された人物のあるいは主イエスと出会った人物のものの見え方や考え方の支点が（特にベトザタなどはその典型なわけですが）一変しているという点です。今まで被害者意識からするものの見方、考え方で人生を送ってきた自分が、加害者の一員にほかならないと気づいた時に神の領域が見えてきたのです。主イエスに向かって、「治りたいのか」と聞かれて、「はい治りたいのです」と言わずに、「わたしが入りかけると、ほかの人々が入ってしまうのです」と、周囲の人々の無情さを主イエスに告発したのです。ということは、自分がもっと重い病人の中にいたら、自分が先に行くかもしれない自分の姿が見えていないということです。すなわち、立場を変えれば加害者の一員である自分がいつでも被害者的な立場からしか物事を見ていないということに気づくか気づかないかの問題です。被害者というのは、不利益を被ったり、権利を侵害されることを被害者というのですから（たたかれるのが被害者ですから、普通たたかれる方には回りたくないのですが）、精神的な事柄とかある領域の事柄においては、被害者の方が気が楽な場合が多いのです。自分の責任が問われないからです。いつも被害者として加害者捜しをしている生き方をしている自分を、イエスとの出会いにおいて認識したのです。人を人間とする根源的な響きが、ほかならない自分に向けて語られているということを経験したのです。加害者であるのに被害者であると思っている人、これが聖書でいう「罪人」ということです。そういう自分を認めないかぎり、いくら聖書の話、キリスト教の話を聞いてもわからないのです。被害者意識でしか考えなかった自分が、実は加害者の一員なのだということに気づいたとき、信仰の世界の領域、とりわけ、聖書の世界の領域が見えてくるのです。聖書の世界が自分に開かれていることに気づくのです。五章のベトザタの話、九章の病人の話、一一章のラザロの復活も、そこから話が始まると言ってよいのです。そして、これらの「ヨハネの奇跡物語」のクライマックスに、人の子が十字架にかかって天に上げられる、そして、栄光を受けた人の子がほかならぬ自分にかかわってくれたという構造で、ヨハネ福音書は常に描写されているのです。すなわち、神の言葉を聞くだけでなく、神の言葉を聞いた自分が神に対して応えることのできる自分、さらに、そこでもとどまらないで、神の言葉に応える責任のある自分、英語でいうコーリング（呼びかけ）に対してレスポンス（応答）する、そして神に対して「責任（レスポンスィビリティ）」――ちょうど、ドイツ語がまさにそうです。ベルーフェン（Berufen）「呼びかけ」に対して、フェルアントボルテン（Verantworten）するか、その言葉からフェルアントボルトリヒカイト（Verantwortlichkeit）という言葉が出てきます。これは、英語のレスポンスィビリティ（responsibility）と同じで「責任」を意味します。しかし、大きな辞書では「責任」が先に来るのでなく、「答責性」という訳語がまず出てきます。これがフェルアントボルトリヒカイト（Verantwortlichkeit）です。すなわち、神の呼びかけに対して答える［ちょうどこれは英語のレスポンスィビリティ（responsibility）と同じですが、大きい辞書は「答責性」をもった存在としてこの世に生を受けている自分を認識することと関係しているのです。］すなわち、一個の人間というのは、神から呼びかけられるだけでなくて、（神の前に召し出されているだけでなく）召し出されたその召しに対して応える責任――のある存在として、この世に生を受けているのだということを認識できるように変えられたことが、聖書でいう意味での奇跡が起こったということなのです。新約聖書における奇跡とはそれを言うのです。人間というのは例外なしに神の祝福の下にこの世に生を受けているということが、自分自身の上に起こっているという出来事を聖書では「奇跡」「ブンダー（Wunder）」というのです。病気がたとえ治らなくても「神の栄光をあらわす生」を生きているのです。その詩人においては、その人の生が一変したために、見舞いに行ったたくさんの人が逆に励まされて帰って来ることや、その詩集にふれた人が今度はその人の人生が変わるような経験をしている、ということが起こるのです。神の栄光がこの人にあらわれるためである、という聖書の言葉がこれです。栄光のキリストとの出会いにおいて与かることが許される神の栄光とはこのことなのです。これがいわゆる、聖書でいう奇跡なのです。

(3) 先在のロゴス・キリスト論

ヨハネのプロローグにおける伝承と編集部分に関しては、細部においては見解の一致をみていません。しかし、ヨハネ福音書一章一―四、五、一〇―一一、一四aとc、一六の各節が、前ヨハネ資料に遡源すると見做すことでは、ほぼ一致している、と言えます。ロゴスは被造物でも、被造物のはじめのものでもなく、神と共に「はじめから」存在していた（一章一―二節）との言及に続いて、三節において「ロゴスによってすべてのものはできた。ロゴスなしには、ひとつもできなかった」とロゴスの創造の業が描かれています。次いで、その創造の業が同時に、救済と啓示の業であることが、五節、とりわけ、一四節a―b、一六節等において示されています。この受肉の描写は、神の民の間に臨在する神の栄光を読者に想起させます。すなわち、一四節bのeskēnōsen（宿った）は受肉したロゴスが神であることを示しています。イスラエルの人々の間に神が住むために、人々は幕屋（skēnē）を設営するように求められた（出二五章八―九節他）のです。神の栄光は幕屋との関係においても示されてきました。ヨハネのプロローグにおいては、神の栄光の臨在は、今やロゴスの受肉としてのイエスにおいて顕示されていることを一四節cは示しているのです。イエスは古いイスラエルの幕屋にとってかわる新しい幕屋にほかならないとの、ヨハネのイエス理解がここには示されているのです。ロゴスの受肉としてのイエスは、神の栄光をあらわし示す「新しい幕屋」であり、古いイスラエルの恵みにかわる新しい恵みが、神の新しい幕屋と神の臨在を示すロゴスの受肉としてのイエスを通して与えられることが告知されています。このことは、ロゴス賛歌が、ヨハネが挿入した一七—一八節と縫合されることにより、いっそう明確化されているのです。すなわち、ヨハネのキリスト論と、イエスのモーセに対する優位というモティーフが付加されることにより、イエスは新しい契約の恵みをもたらす方であるだけではなく、神を啓示し、神の栄光をあらわす唯一の方であることが強調される、という構成となっているのです。モーセではなく、先在のロゴスであるイエスが、神と共に「はじめから」いまし、神を見たのです。「いまだかつて、神を見た者はいない。父のふところにいる独り子である神、この方が神を示されたのである」(一八節)と記されています。このように、ヨハネによって、前ヨハネ資料である「ロゴス賛歌」が神の子(御子)キリスト論と結合されたのです。そのことにより、ヨハネにとっては先在のロゴスは、一人の人格的神的存在にほかならなかったことを示しているのです。このことは、イエスを証言する者としてバプテスマのヨハネの登場を伝えている六—八節の伝承の「ロゴス賛歌」への挿入により、先在のロゴスを特定の一人の人物であるイエスと同一視する役割を果していることと、同じ意味内容を伝えている、と言えるのです。土戸清著『初期キリスト教とユダヤ教』(教文館、一九九八年、一一九—一二一頁参照)

四　ヨハネの手紙一、二、三の歴史と神学

1　ヨハネの手紙の歴史について

序の1は、「ヨハネの手紙の歴史について」と題をつけました。「ヨハネの手紙の歴史と神学」というときの「歴史」とは何かをまず問題とする必要があります。拙著『初期キリスト教とユダヤ教』（教文館、一九九八年）の九四―一〇〇頁のところで、そのことについて少し詳しく書きました。そこでは第一段階と第二段階と第三段階の、三つに分けて執筆しました。そしてその一部は既に言及いたしました。紀元三三年すなわちイエス・キリストが歴史の舞台に登場して、二、三年活躍をされて、そして、磔刑に処されて、すなわち、ユダヤ教の一部の指導者たちの訴えに基づいて、ローマの官憲が、十字架刑に処したというローマの二重支配構造下の時代のことです。その三三年頃から、すなわちキリスト教の初期、原始キリスト教が形成されてからCE七〇年にユダヤ人社会が対ローマ戦争で崩壊したあと一〇年くらいはヤムニアに移ったラビたちが結集し、今日のラビ的ファリサイ的ユダヤのおおもとになったサンヘドリンをヤムニアに復興させたその最初の頃までのことを、第一段階としました。すなわちヨハネ教団の歴史の第一段階はCE三〇―八〇年の時代です。少し長い期間ですがこの四、五〇年の間に、イエスの宣教活動の後イエスが磔刑に処された後で、パレスティナまたはその周辺地域において、ユダヤ人共同体の内部でメシア待望に生きる、同胞のユダヤ教のユダヤ人に対して、イエスを救い主メシアと確信したユダヤ人クリスチャンたち（Jewish Christian）が、イエスに関する言い伝え（伝承素材と称されます）を用いて、宣教活動を展開しました。これはイエスが十字架刑に処された後にすぐ開始されているのです。しか

も、かなりきちんとまとまった文書資料が編纂されはじめたのです。福音書文学としてはマルコが最初だということは周知のところです。しかしマルコより先に奇跡物語群や、イエスの教えをまとめた書の文書が書かれていたのです。そういう書かれたものを素材にして、イエスについての教えとか行ったことをユダヤ人キリスト者の人たち、すなわち、ユダヤ教のユダヤ人であった人たちが、イエスを自らの救い主と信ずる、ユダヤ人キリスト者と呼ぶのにふさわしい人たちが、イエスの教えとわざを宣べ伝える宣教の活動をパレスティナで始めたのです。そして、イエスの治癒奇跡伝承、あるいは自然奇跡も含めた奇跡物語がまとめられていったのです。これに主イエスの受難・十字架物語伝承の付加された「しるしの福音書」が存在したとも想定できるのです。すなわちイエスの教えの部分のイエスの語録集と、主イエスの行ったことを中心にまとめられたもの、例えばこれが奇跡物語伝承などが合体され編纂されて、少し大きな文書の形で「前・福音書」と称することのできるような文書としてまとまめられていったと想定することが可能なのです。バプテスマのヨハネとその弟子にかかわる言い伝えが福音書のあちこちに散りばめられていますが、バプテスマのヨハネとイエス・キリストとの関係について記した言い伝えなども文書のかたちで定着していったのです。福音書記者の一番の大きな功績は、主イエスの受難、復活、昇天、とりわけ、受難と復活に結び付いて、それらの伝承が大きくまとめられていったことです。これは、かなりラデイカルな研究者でも、そういうものは存在したと見做す点では、ほぼ一致しているのです。そうした文書が、おのおの独立的に、キリスト教共同体、すなわち生まれたばかりのキリスト教共同体の中で語り伝えられ、また、記されていった、と想定可能なのです。その共同体の指導者の一人であるヨハネ福音書記者がそれらの伝承素材を用いて、現在のヨハネ福音書のかたちの前の前の段階にあたる素朴な福音書をまとめたのです。それを前・ヨハネ福音書（Pre-Johannine Gospel）と、学問的には名付けております。ある人はそれを「しるしの福音書」とも言っております。［R. T. Fortna, The Gospel of Signs, (Cambridge : Cambridge UP, 1970)］主イエスの受難・復活に奇跡伝承物語が付け加えられていますから、福音書の素朴なかたちの形態をなしていたと言ってよいかと思います。そうしますと、現在のかたちの福音書文学というのは、マルコが最初に生み出したということは、わたしも支持していますが、しかしマルコが現在のかたちの福音書にした前の段階にも、いわゆる福音書と後に言われるかたちのもとになる「原型」は存在したのではないかと想定することも可能なのです。そうした文書資料が、パレスティナ地方の各地域のユダヤ人キリスト者の中に、形成されていったのです。その時期に、生前のイエスの伝道の結果、サマリヤ地域のサマリヤ人の中にも福音が伝えられ、回心者を得ていくのです。すなわち、当時のユダヤ教のユダヤ人たちから差別を受けていたそういう人たちの間にも福音が述べ伝えられ、その結果、サマリヤ人たちが、ヨハネ福音書記者を指導者とする信仰の共同体の中に入ってくるのです。この史実が、ヨハネ福音書だけが伝えている、イエスのサマリヤ人伝道の物語の背景にあると言えるのです。すなわち、サマリヤ人とユダヤ人との、主イエス・キリストにおける一致ということがなされていた時期であると推定してよいのです。すなわち、サマリヤ系ユダヤ人がヨハネ教団に加入してきたのです。このヨハネ的共同体の中にイエスの宣教によりイエスの弟子になった「イエスの愛していた弟子（beloved-desciple）」が、ヨハネ教団の中では重要な役割を、後に果たすのです。さらにこの人物は、ヨハネ教団を指導した人たちに対して大きな影響力を持った人物であると言えるのです。これが第一の段階です。

第二段階は、CE八〇年–九〇年です。わずか十年ですが、この短い期間にユダヤ人社会においてイエスをメシアと信じる人々が続出する宣教活動が、ヨハネ福音書記者やその支持者たちによって非常に活発になされたのです。イエスをメシア、すなわちキリスト、救い主と告白する者がユダヤ教のシナゴーグの中にたくさん出てきたのです。多くのユダヤ人がイエスをキリスト、神の子と信じたのはこの時期です。それは、ユダヤ教の伝統的な唯一信仰を捨てて、イエスを第二の神とする異端信仰に陥っているのではないかという疑いをユダヤ教の指導者たちに持たせるような大きな勢力になっていったものですから、ユダヤ人社会において目立つようになったのです。その必然的結果として当然シナゴーグ内で、イエスが本当にメシアであるか否かをめぐって聖書に基づいて論争する抗争が生じます。わたしたちは、これをイエス・キリストに関するミドラーシ的論争と言っています。すなわち、メシアに関する聖書の解釈の上での論争です。こういう解釈が得意なのはラビたちです。キリスト教側の代表者は、パウロやヨハネです。パウロは、キリスト教に改宗しなかったら、恐らく、ヨハナン・ベン・ザッカイや、あるいは、ガマリエル二世たちに重んじられた有力な指導的ラビになっていたと言えます。ヨハネもそうです。沢山の手紙を書き残したパウロやヨハネ福音書のほとんどを書いたヨハネ福音書記者は、そういう教養の豊かな人だったのです。（すなわち指導的ラビのもつ知識とか、聖書解釈の方法を、パウロやヨハネは身につけていました。）そういうプロセスの中で、伝統的なユダヤ教の中でキリスト教徒たちを異端者とする破門規定（Bannpraxis）が、制定されたのです。異端審問が開始され、シナゴーグからの追放が起こったのです。イエスをキリストと理解する論争の中で、ヨハネ福音書記者は、前回扱いました「高度なキリスト論」あるいは、イエスを先在の神の子と見做す、「先在のロゴス・キリスト論」を発展させる結果になったのです。そしてシナゴーグ内に留まるクリプト・クリスチャン（Crypto-Christian「隠れキリシタン」）たちは、モーセの弟子であってイエスの弟子ではないとして、キリスト教側の、すなわちユダヤ人キリスト者たちは、区別されたのです。そういう時代が第二段階でした。シナゴーグに留まった人たちは、シナゴーグの勢力に与した脱落したクリスチャンとして結局はシナゴーグ当局、すなわち、ユダヤ教のユダヤ人の指導者たちに、仲間のクリスチャンを密告するという働きをもするようになります。それはヨハネ福音書の一二章、一三章などに記されています。ヨハネ福音書記者とその教団に属する多くのユダヤ人キリスト者は、シナゴーグを去ったのです。ヨハネ福音書記者は、シナゴーグを追放されたクリスチャンたちの中心となって、自分たちの共同体、すなわち「ヨハネの教会」を形成していくのです。そして今度は「ヨハネ教会」側からシナゴーグに与する敵対者（Gegner, opponent）と論争を始めたのです。その論争の一部分が色濃くヨハネ福音書の中の記事に反映しているのです。同時に、自分の教団だけでなくシリア・パレスティナの国境を越えて小アジアの地域に散っていきますので、そうした散在したクリスチャンたちにも配慮していくわけです。ここまでは前回までのところです。ヨハネ福音書一〇章一－一八節の「よき羊飼い」のたとえ話中に出てくる「この囲いに入っていないほかの羊」というのは、史実としては第一義的には、この散らされたキリスト者を指しているのです。それから同時にこの時期に異邦世界からギリシア人クリスチャンを第一段階に増して迎えるなど、ヨハネ福音書記者とその教団が多様なクリスチャンから構成されていったのもこの時期です。この時期に、素朴なかたちの福音書から大部分現在のかたちのヨハネ福音書のかたちの文書の執筆がなされたと言ってよいかと思います。そのときに、ヨハネ福音書記者はその共同体の中で、伝承されていた「ロゴス賛歌」とか「先在のキリスト論」や、イエスの奇跡伝承などを一つに縫合して、現在のかたちの福音書の編集をしていくのです。そのころ、この人たちはデカポリス地域とシリアとの国境地帯から小アジアへと移動していきます。これが前回申し上げたことを少し補ったかたちの歴史の一断面です。

第三段階は、CE九〇年から二世紀のはじめCE一一〇年ころまでです。この時期に、ヨハネ福音書記者とその教団とその後継者たちから、正統主義的な教会、初期カトリシズム、すなわち正統主義的教会に至る道と、グノーシス主義者をはじめとする多くの分離主義者を生む方向へとヨハネの教団は、内部分裂をしていきます。ヨハネ教団が分岐していくのです。それが九〇年から一一〇年頃のことで、今日の主題です。この時代に、ヨハネ福音書の「高度なキリスト論」の影響から、二元論的な救済論を唱える分離主義者を生むのです。その歴史と少し重なりますけれど、イエスは上から来たもの、天から来たもの、神的な存在であって、至高者の認識をもたらす（すなわちグノーシス）啓示者であると、理解する者が輩出します。ヨハネ福音書記者の中にもそのような考え方がありますが、それ自体は中立的です。しかし、そのような描写部分からイエスがそうであるのと同様に自分もそうであると、自らもその知識グノーシスを認識するところの天的領域から来た先在の信仰者であると見做す異端的思想家たちが出現するのです。

(1)、啓示者イエスと、認識する自己の間の本質における同質、すなわち、啓示者イエスと自分も同質であると、その同一性を主張する者が現れます。これがグノーシス主義者の一つのタイプです。あるいは(2)、イエスは本当の人間ではなくて、先在の神の子が仮の姿をとってこの世に来た存在なのだと理解する者、すなわち、仮現論者が生起します。(3)、これもヨハネ福音書と手紙の中によく出てきます。「弁護者・助け主」［パラクレートス（paraklētos）］の所有者から、パラクレートスの体現者と自らを見做す異端者（モンターノス主義者ですが、これは二世紀に大活躍をするのです）などを輩出する道を、ヨハネ福音書記者は開いたのです。こういう用語や思想は、ヨハネ福音書とヨハネの手紙の中に出てくるのです。しかしこのことはヨハネ福音書、グノーシス思想の影響を受けて成立したのではなくて、ヨハネ福音書記者独自の高度な神学思想に基づくキリスト論がイエスの人性に関心を示さないか、あるいはそれを軽く見る、あるいは否定するグノーシス主義者、あるいは仮現論者を生み出したのです。長い間新約学会領域で主張されてきた、ヨハネがグノーシス主義者である、ということではないのです。この点については前回申しました。他方ヨハネ福音書記者とその教団からの分離主義者のうち、ユダヤ教の思想、習慣から独立していない、キリスト教的なユダヤ人たちがいたのです。キリスト教的ユダヤ人の中のある者は、後にエビオン派を形成するユダヤ人キリスト教徒の一群であり、ナザレ派、パリサイ派的エビオン派、それから、シンクレティズムと言える混淆的エビオン派などを輩出します。グノーシス主義者の系統とは違ってむしろユダヤ教の枠内に留まり、どうしてもそこから抜けられなかった人たちですが、イエスをキリストと信じたいという一面はあったのです。しかしその程度の信仰の枠内に留まり、結果的には歴史の舞台から姿を消していったのです。ヨハネ福音書記者の神学思想を正しく担った人々とそうでない人たちが、すなわち一世紀末から二世紀にかけて、正統的キリスト教に近いグループとグノーシス派に近い思想をもつグループとにさらに分岐していたのです。しかし大事なことは、ヨハネ福音書記者とその教団の神学思想とその実践の後継者たちの果たした役割です。これが今日の主題です。イエス・キリストの教えに忠実なヨハネ福音書記者の説くイエス・キリストの教えを、さらに忠実に継承していったのが、ヨハネの手紙一の著者をはじめとするヨハネ学派に属する指導者たちです。彼らはグノーシス的仮現論者の主張、すなわち、神がイエスにおいてこの世に来られた方であることを否定することに対して厳しい批判を展開したのです。それが、今回扱うヨハネの手紙一のプロローグに出てきます。本当の信仰者は、イエスを自分のキリスト・救い主であると告白する者であって、イエスの示す愛の戒めを実践する者であるとの力強い教えがヨハネの手紙に示されています。主イエスのその戒めを実践しない人たちは（グノーシス主義者の人たちは非常に思弁的なキリスト教になっていますから）、そういう、キリスト者同士のコイノーニア、すなわち、今日の言葉でいう教会員の信徒の相互の交わりを重要視しません。それに対してヨハネの手紙一、二、三を書いた人たちは、イエスの示した愛の戒めを実践する者が真のキリスト者であると強調したのです。それに反する教えを示す者たちを、ヨハネ教団を誤った方向に導き、分裂をもたらす者、すなわち「反キリスト」［アンティ・クリストス（Anti-Christos）］と呼び、その者たちと激しい論争を展開したのです。ですからこの言葉は、ヨハネの手紙の中にだけ出てきて、新約聖書中ほかの箇所には出てこないのです。また、ヨハネの手紙二と三の著者、とりわけ、ヨハネの手紙二の著者は、イエスが肉体をとってこの世に来られた方であるとの信仰告白を無視する分離主義者を批判して、「愛の戒め」を実践することが、父なる神と御子キリストと共にいることである、という、ヨハネ学派内の教えの大事な点を手紙において強調しているのです。ヨハネの手紙二の六から九節にその点が、詳しく書かれています。さらにヨハネの手紙三は、ヨハネ集団（あるいは、ヨハネ・サークル Johannine Circle、あるいは、ヨハネ学派 The Johannine School）内の公的権威を有する指導者たちの教えの真実さを証明することが、ヨハネ集団（サークル）やヨハネ学派との関係を保つ諸々の「家の教会」に実施されていた、という史的状況を垣間見せているのです。そしてヨハネ学派におけるヨハネ福音書記者の思想の後継者の教団内における宣教活動を、ヨハネの手紙中のそういった言葉は想定させているのです。すなわち、あなたは、わたしたちの証しが真実であることを知っています、という表現が二、三回出てきます。それはヨハネ福音書記者とその教団に伝承されたイエス・キリストに対する証しの言葉であると見做していいのです。さらに、「はじめから聞いていたこと」という表現が、繰り返し手紙一にも手紙二にも出てきます。この表現は、ヨハネ集団内（あるいはヨハネ・サークルか、あるいはヨハネ学派といってもいいのですが）に権威ある伝承が継承されており、それに基づいてヨハネ福音書記者の神学（思想）の流れにたつ人たちが、そういった権威ある教えを大事にしていった歴史の一断面を示していると想定できるのです。

ヨハネ福音書記者から、ヨハネの手紙の記者の書いた人たちの流れをそのような観点から見ていきますと、恐らく聖書本文を読むときに納得いくことがたくさん出てくると思うのです。ここまでが本日扱う章の序論です。

次に本論に入ります。

2　(1)　ヨハネの手紙一、二、三の神学思想の特徴の差異をめぐる問題
—概観—

まず、ヨハネによる福音書と、ヨハネの手紙一、二、三の神学思想の特徴の差異をめぐる問題に言及いたします。これは本論の1です。（詳細は拙著『初期キリスト教とユダヤ教』八四—八七頁を参照。）

ヨハネの手紙の内容に入ります。ヨハネによる福音書と三通のヨハネの手紙は、その内容から、執筆の座、すなわちヨハネ福音書記者と手紙の執筆者の置かれている史的状況は全く異なるということが、容易に推定できます。その代表的な例は、ヨハネ福音書において、「ホイ・ユーダイオイ（ユダヤ人たち）」［このユダヤ人とヨハネ福音書記者とそのグループの人たちが、大論争するわけですが］との抗争についての言及が、福音書の場合は重要なモティーフの一つですが、ヨハネの手紙には全くその用語は出てきません。すなわち、手紙の書かれている史的背景が違うのです。さらに、当然キリスト者の会堂追放（アポシュナゴーゴス）という記録も、ヨハネ福音書の一三章までは繰り返し出てくるのですが、ヨハネの手紙ではすっかり消えています。すなわち、そういう会堂追放が、手紙を書いた人たちの時代には、既に問題となっていないことを示しているのです。このことに関する言及はヨハネの三つの手紙には皆無なのです。またヨハネによる福音書では、神学思想の特徴の一つである「実現された終末論」（realized eschatology）（これはパウロもそうなのですけれども）が、強調されています。「未来の終末論」というのは、ユダヤ教はもちろんのこと、（日本の宗教においても）どの宗教においても終わりのときに裁きにあうとか、終わりのときに裁かれるとか、終わりのときによみがえるとか、そういった思想とい

うのは、共通してあると言ってよいかと思います。キリスト教も未来の終末思想に言及しています。その点は他宗教と同じです。ところが、啓示宗教としてのキリスト教の特徴は、イエスにおいて終わりの事柄が、現在の事柄になっている、という点にあります。ヨハネ福音書では、神学思想の特徴である実現された終末論（リアライズド・エスカトロジー Realized Eschatology）、あるいは現在的終末論（ナウ・エスカトロジー Now Eschatology ともいえる終末理解）が強調されているのです。イエスにおいて終末の事柄が、わたしたちの今において起こっている、すなわち、終末の事柄にイエスにおいて今わたしたちは係わっているのだ、という主張がパウロやヨハネによって展開されているのです。それに対して、ヨハネの手紙一には、ユダヤ人社会に伝統的であった未来の終末論（これは、わたしはユダヤ人社会に伝統的であったといいますのは、ほかの宗教のことは自分は専門家でありませんので、普通の宗教であるという程度のことしか申しません。）が強調されているのです。すなわちヨハネの手紙では未来の終末論が強調されていて、現在の終末論には言及していないのです。また、ヨハネ福音書には決して見いだせない「来臨」（パルーシア）思想が手紙に出てきます。［今度の新共同訳では、その語を「来られるとき」と訳しています。しかしギリシア語原典聖書ではヨハネの手紙一の二章二八節に、「来臨 Parousia」という言葉が出てきます。新共同訳聖書は、来臨という専門用語［(テクニカル・ターム technical term）として訳さなかったのです。一九五四年の聖書協会訳（口語訳）聖書では、「来臨に際して」と訳しているのです。その結果、専門用語でなくなってしまって、普通の言葉になってしまったのです。来臨というのは重要な思想ですから、消し去ってはならないとわたしは理解しています。今度の訳はその点不十分です。］ヨハネは来臨（パルーシア）という言葉を使ってないのですが、ヨハネの手紙の中にはそれが出てくるわけです。パウロが最初に書いたテサロニケの信徒への手紙の中には最後の審判時にあらわれる、このパルーシアの思想というのは、頻繁に出てくるのです。テサロニケの信徒への手紙ですから執筆された年代は大変早く、四〇年代の終わりから五〇年代頃に書かれた、キリスト教会の中では、最初期の文書の中には再臨思想というのが出てくるわけです。その「再臨が近い」ということを訂正しているのが、第二テサロニケなのです。訂正しているけれども、説明をしているのです。ですから新約聖書における再臨思想、来臨、キリストが再びやって来る、という思想は重要なのです。それが、ヨハネの手紙の中には出てきます。それが最後の審判時に見られる反キリスト（アンティ・クリストス）が頻繁に手紙の中に出てくるわけですが、これはやはりユダヤ教の黙示文学の中の一つの終わりのときに一つの反キリストが現れるというのですから、未来の審判の事柄として、未来の審判との関連で書かれているのです。それゆえヨハネ福音書記者が、現在のあるいは実現された終末を強調しているのに対して、手紙のほうはそうではなくて、未来の終末について書いていると言えるのです。ただわたしは少し補っておかなければならないと思いますのは、ヨハネ福音書の中にはまったく未来の終末論はないかといいますと、そうではないということです。わたしは自分の著作の中ではヨハネ福音書記者はユダヤ教の伝統、すなわちイスラエル宗教の伝統にたつ、未来の終末論も大事なものとしていると記しました。しかしヨハネが強調しているのは、イエスにおいて、今その終末のことがわたしたち、歴史の今において現在目の前に起こっているとか、係わることができるのだという点なのです。一つだけ例をあげますと、例えばヨハネ福音書の五章です。五章の、あのベトザタの奇跡の話のあとのイエスの教えですが、そこには未来と現在の終末論の二つが同時に出てきます。極端なことをいう人は、ヨハネには終末論がまったくないとか、あるいはヨハネは現在のことだけ言っているのだとか、未来の終末論を言っていないということを言うのですけれども、そうではないのです。新共同訳の五章二四節では、「はっきり言っておく。わたしの言葉を聞いて、わたしをお遣わしになった方を信じる者は、永遠の命を得、また、裁かれることなく、死から命へと移っている。はっきり言っておく。死んだ者が神の子の声を聞く時が来る。今やその時である。」とイエスは言っているのです。今やもうその時なのだと告げられているのです。すなわち、死んだ者が神の声を聞くのは従来の教えからすれば、未来の終末の時なのです。それが、今やその時であると強調しているのです。ヨハネ福音書記者は、イエスにおいてわたしたちは永遠から永遠にいます方の命に与かっている、しかも今与かっていると告げているのです。八章のラザロの復活のところにおいても、この思想が頻繁に出てくるのです。しかしその先のほうを見ますと二八、二九節には、「驚いてはならない。時が来ると、墓の中にいる者は皆、人の子の声を聞き、善を行った者は復活して命を得るために、悪を行った者は復活して裁きを受けるために出てくるのだ。」と記されています。これは、未来の終末論に関することです。そして、「人の子」が出てくるのです。「人の子」の声を聞き、これは、この「人の子」という、ヨハネ独特の「人の子」と表現は同じですが、ここでは伝統的なダニエル書に出てくる「人の子」です。未来の終末と係わるものが引用されているのです。今日はヨハネ福音書についての言及ではありませんので省略しますが、ヨハネはそこにこの文脈の中で、旧約聖書の中で出てくる「人の子」と、終末の時代の「人の子」それから、マタイ、マルコ、ルカ、共観福音書の中に言われている「人の子」などとは違った「人の子」像に言及しているのです。前回「人の子キリスト論」を扱ったときに、十字架に上げられるということと、それと、「人の子」句と、今ということのコンテクストにおいて、新しい「人の子」理解をヨハネが示しているということを申しました。今、ここの「人の子」は伝統的なダニエル書の「人の子」を引用しているのです。それゆえ、未来の終末論のことを言いながら、強調点はイエスにおいて今終わりの時の言葉が実現しているのであるという、「実現された終末論」(Realized Eschatology) を強調しているのです。ですから必ずしも未来の終末論を退けてはいないのです。強調点が異なっているのです。

ヨハネ福音書においては、イエスが約束した救いはイエスの時代に既に成就しており、イエスの口を通し、ヨハネ福音書記者は、繰り返し、将来におけると同様に、永遠の命は、イエス自身において、現在的であることを強調しているのです。さらに、ヨハネによる福音書においては、神の子の「受肉」は、栄光の視点から展開されているのに対し、ヨハネの手紙一では、そのプロローグが示しているように、地上の生における「受肉」を強調しているのです。これはヨハネ福音書をグノーシス的に解釈する者に対するヨハネの手紙の著者のチャレンジなのですから、当然地上の生における受肉という面を強調しているのです。ヨハネ福音書記者は、十字架を重視しますが、高挙の「栄光のイエス」に強調点を置いているのです。それゆえヨハネ福音書記者はどちらかというと、十字架はもちろん重要視しますが、栄光のイエス・キリストという高挙のイエスを強調しているのです。それに対してヨハネの手紙一の著者はイエスの十字架の血による贖いを強調していることから、われわれはヨハネの手紙一の著者がヨハネ福音書記者の神学思想に比して、素朴な伝統的神学的立場に立っていることを容易に理解し得るのです。また、ヨハネ福音書には旧約聖書の引用を見いだしますが、ヨハネの手紙には旧約からの引用は皆無です。ヨハネの手紙の著者は先輩から受けたこと、すなわち「言い伝え」（パラドシス）を強調しています。それに対して、ヨハネ福音書記者は従来のメシア理解に代わる新しい教えをもたらすことを目的としているのです。手紙の方は、先輩から受けた「言い伝え」に言及しているのです。ちょうどパウロが復活のことになりますと、「わたしは先輩から受けたことをあなたがたにまた伝える」という表現が、聖餐伝承の記事には繰り返し出てくるのです。それと似たようなことがヨハネの手紙の中でも先輩から受けた「言い伝え」を、すなわち、ヨハネ学派の中で、あるいはヨハネ教団の中で、言い伝えられている権威ある言葉をヨハネの手紙の著者はあなたがたにも伝えていくのだと言っているのです。また、御霊に関しては、福音書と手紙で、若干の共通点をもっていますが、それにもかかわらずヨハネ福音書記者は独特な、御霊（プニューマ）、聖霊（ト・プニューマ・トハギオン）、真理の霊（これはヨハネ独特のものですが、ト・プニューマ・テース・アレセイアス）、弁護者（ホ・パラクレートス）を用いています。それらの語を用いて福音書の方は高度な神学思想の聖霊論を展開しています。それと対照的にヨハネの手紙一の記者は素朴な弁護者（ホ・パラクレートス）の一つの姿を示しているにすぎません。すなわち、ヨハネ福音書の「御霊・パラクレートス」は、ヨハネ福音書においては、かつての地上のイエスが、異なる形で再び来られてイエスによってもたらされた啓示を継承する役割を担っているかのように描写されているのです。ですから、そういう高挙のイエスが再び同じ地上における役割を担って、助け主（パラクレートス）として、あるいは弁護者としてその後の教会の歴史を担う、というのがヨハネ福音書のパラクレートス像です。今回の「三通のヨハネの手紙の著者をめぐる問題」で取り上げますことは、次のような点です。三通のヨハネの手紙の類似する文体、用語、思想の範囲、概念形成などは、三通の手紙を異なる著者に帰する諸説に不利に働いていると、J・L・マーティンやD・M・スミスは見做しています。すなわち、三通のヨハネの手紙全部を一人の著者によって執筆されたと推定することによって、ヨハネの手紙の解釈は十分なしえる、との立場で注解を進めているのです。しかしオスカー・クルマンなどが想定しているように、ヨハネ集団（サークル）、あるいはヨハネの手紙一の著者が、ヨハネ学派に属する指導者の一人である場合、類似あるいは同じ用語、文体、思想概念を援用するのはむしろ自然なのです。わたしたちは同じ著者であってもなくてもいいのです。同じシューレに属する者とみております。ですからその学派のことに言及しますが、R・A・カルペッパーがヨハネ福音書記者を中心とするあるいはその流れを汲むヨハネ教団にあった人の当時の学派とは何を言っているかということで、すぐれた見解を示していますので引用しますと、学派の概念をこのカルペッパーは九つの特徴から定義しております。一つは、学派というのは、フィリア（ギリシア語の philia）ですから、友情と、コイノーニア（koinōnia）がキーワードであって、学派においては、友情と、同じ学派を構成する者としてのコイノーニア、交わりです。それがこの学派では、強調されるのです。二番目は知恵と善意の例として、尊敬を受けている創設者のまわりに集まるのが学派です。三番目が創設者の教えに柔順でなければならない、これが学派のもう一つの特徴です。四番目に学派のメンバーは創設者の弟子または教え子、すなわち Disciple か Student だということです。五番目は教えと学びが共同体の活動の中心、すなわちその学派を構成する者たちは教えられることと、教えることを通して学びをする、そういう共同体が学派スクール、シューレだというのです。それから六番目は共同体の食事がしばしば創設者の記念として祝われることです。七番目が諸規則と実践がメンバーの生活を規定する。学派の中にさまざまな規則が出来ていく、その規則に従ってある実践をしていく、これがその学派を構成している人たちの生活を規定するということです。八番目が、一般社会から一定の距離をおく、距離を保つ、と言うのです。ですから、自分たちの一つの修道院のようなもので、集団が一般社会の中に埋没しない。そういう意味ではクムラン集団などもそうなのかもしれません。九番目に自分たちの学派の不滅を保証する組織的手段を発展させる。すなわち学派が永遠に続く、さまざまな組織上の何かを生み出していく、これが、学派の基本的な概念である、というのです〔R. A. Culpepper, The Johannine School (Scholars Press: Missoula, 1975) 特に二五八―九頁参照〕。学派という場合は大体こういうことが共通して意図されているということです。これをもしヨハネ学派に当てはめるならば、ヨハネ福音書記者や、ヨハネの手紙一、二、三を書いた人たちが、同じような用語を使い、強調点の違いがあるにしても、同じような思想、用語を使い、そして、使うことはちっとも不思議ではない、と言えるのではないかと思います。最近はそういう細かい研究に基づいて、そして著者問題の場合にそういうことを適用していっていると言えるかと思います。ヨハネ諸文書を貫く類似の思想概念、文体、言語等の一致点の存在は、一つの共通の概念に遡源し得る、と言えるのです。そして今度ヨハネの手紙二と三の著者は自らを「長老」（プレスビューテロス presbyteros）と称しています。Presbyterian Church 、Presbyter という現代語は、ギリシア語の presbyteros に起源しているのです。この人物はその手紙の次のような内容から推定できるように自らを、一つの集団、恐らくヨハネ・サークルの指導的代表者であると理解しているし、自らの置かれている教会内の立場、すなわち、手紙執筆の史的環境をよく承知しているだけでなく、ヨハネ教団あるいはヨハネ学派内の指導者としての権威の影響を、他の地域の同派の諸共同体や各個の教会に及ぼせる立場にあることを承知しているのです。そういう観点から、ヨハネの手紙から（短い手紙、パピルス一枚分くらいですから）、このとき長老といわれている人の教会内における、あるいは、共同体の中における地位、位置とを想定できるのではないかと思います。その長老は他のヨハネ・サークル内で真理を広めるために協力する者たちの存在と、長老の活動を支援するために兄弟たちを派遣していることと、それを妨害する者の存在も明らかにしています。この手紙の中に出てきます、ディオトレフェスなど、長老の敵対者（Gegner）がその長老と長老の思想の後継者たちを別のヨハネ集団（サークル）内で拒絶しているのです。すなわちそこは、もう「反キリスト」の者が押さえてしまっているのです。そのような史実を、この手紙二、三からわたしたちは知り得るのです。すなわちヨハネの手紙二と三が執筆された時点では、この問題が未解決であったことを示しています。長老自らが「近いうちに、直ちに、速やかに」訪問して解決する意志を示していることからそのように想定できるのです。こういったヨハネ教団（ヨハネ学派）の古カトリック教会が成立するに至る橋渡しの時期に当たるときに、手紙の著者たちが教会の指導、教会形成の指導をしていたという史実をうかがい知ることができるのです。

略解を執筆した関係であると思っていますが、わたしは、教会の指導的立場の人々が主として読む『アレテイア』（第三二号　日本基督教団出版局、二〇〇一年三月）という季刊誌に、ヨハネの手紙一の一章一節から一〇節まで、即ち一章全体の釈義を、担当しました。「釈義から説教へ」と現代へのメッセージの部分も半分書きました。それを本日の資料として見ていきたいと思います。

ヨハネの手紙一は、ヨハネによる福音書と同様に、手紙執筆の目的と主題を極めて明確にしているプロローグで始まっています。これは、ヨハネの福音書の一章一節から一八節までがロゴス賛歌を当時ヨハネの教団内で流布していた、ロゴス賛歌（ロゴス・キリスト論）を資料として用いてヨハネ福音書記者がバプテスマのヨハネ伝承を付加して、（要するに散文を挿入し、詩文と散文を混合させて）編纂したのが、ヨハネ福音書の一章一から一八節です。それがヨハネ福音書のプロローグとして広く知られている箇所です。そしてそのプロローグを分析しますと、後に出てくる一章から最後の章に至るまでの主要な事柄（主題）が、ほとんどそこに網羅されていることがわかります。これはオペラの序曲のようなもので、後から出てくるテーマが続々と序曲の中に出ていることと似ているのです。同じことをヨハネの手紙の著者もプロローグのところでしているのです。

日本語聖書に限らず世界各国語の聖書は、ギリシア語原典新約聖書の最初の三節半を、いくつかの文節に区切って訳しています。関心のおありのかたは、英語、ドイツ語、フランス語など、近現代語訳聖書を参考にしてください。いろいろな訳し方、区切り方をしていることがわかります。今わたしたちが使っております新共同訳聖書は、五つにピリオドをつけて五つの文にしております。いずれにしても原文は一つの長い文なのです。実はヨハネの手紙の著者は、最初のところをいきなり長い長い文章で書いているのです。ヨハネの手紙の全体はやさしく読みやすいので、ギリシア語の文法が終わるとすぐに講読に入り、その際ヨハネの手紙一をテキストにするのがギリシア語学習の常套的方法ですが、その三つの節を通過しないとむずかしい、と、学習する者はよく言うのです。その文の主語は「わたしたち」であり、その主語を受ける動詞は「伝えます」です。これは、どうぞ日本語の聖書を見てください。ここでは新共同訳をテキストにしているので、まずそれを読んでみてください。この伝えられる内容である「はじめからあったもの・・・」すなわち命の言葉が強調される形の構文で執筆されています。すなわち、伝えられる内容である目的語は複数あるのです。ですから、目的語がたくさん並んでいるわけです。いずれも、文法で言いますと、連続する関係詞から成る複雑な構文となっているのです。決してやさしい構文であるとはいえないのです。この序文の中にヨハネ福音書記者やヨハネの手紙一の著者を指導者とする、ヨハネ教団に共通する神学思想を解明するためのキーワードが出てきます。これが、福音書と手紙と大変よく似ている点です。はじめ「アルケー」(archē)や、ロゴス(logos)や、ゾエー(zōē 命)、証しする「マルトゥレオー」(martureō)、それから御父「パテール」(patēr)、永遠の命「ゾエー・アイオーニオス」(zōē aiōnios)、御子「フィーオス」(hyios)などが、集中的に出ていますが、これはヨハネ福音書のプロローグを反映しているからなのです。すなわちヨハネ福音書とヨハネの手紙の類似性は、こういうところにもあらわれています。そして、用語も重なってきます。しかしさきほども言及しましたように、強調点の違いがあるのです。それは筆者の置かれている異なる史的状況を反映しているから当然なのです。

一節から順に見ていきます。初めからあったもの、わたしたちが聞いたもの、というところです。初めからあったもの。あったものが福音書と違って男性関係代名詞ではなくて、中性関係代名詞が用いられていることと、「初めから」が、ヨハネ福音書の序文のあの有名な「エン・アル・ケー、エーン・ホ・ロゴス」(en archē ēn ho logos）で始まっています。

「初めに言葉が、過去から過去にわたってずっと存在していました。」そして一四節になって、「カイ・ホ・ロゴス・サルクス・エゲネト」（kai ho logos sarks egeneto）その言葉は肉体をとって歴史のある時点で、肉体をとったということを強調するアオリスト・テンス（歴史的過去を明確に示す時制）で書かれているのです。それに対して、ヨハネの手紙の方は、「初めから」を描写するために、エン・アル・ケー（en archē）ではなくて、アポ・アルケー（apo archē）を用いているのは、意味があるのです。ヨハネの手紙一の「初めから」は永遠から永遠に存在する神と共にいます先在のロゴス、イエスを描写しているのではなく（福音書の方はその意味で描写しているのです）わたしたちの歴史における神顕現、すなわち啓示の出来事としてのイエスにおける神顕現から開始しているのです。言いかえれば、キリスト教の世界史における起源を意味している、アポ・アル・ケー（初めに）であると、この言葉は理解するべきだとわたしは思っています。すなわち、ここでは、永遠から永遠にいます先在の神、神的言葉ではなくて、その受肉の結果として、ヨハネの手紙一の著者の時代に継続しているところの、イエスによってこの世にもたらされた命のことばの到来、すなわち、真の使信が告げられているのです。しかしヨハネ福音書一章一節の「初めに言があった」という神的思想を意識している描写であり、その限りにおいて、創世記一章において、「初めに神は天地を創造された。」と関係しています。［べラ・シース・バーラー、エロヒーム・・・（in the beginning God created・・・）それに、天と地を、と続くのですが、その描写とヨハネ福音書のエン・アル・ケー、エーン・ホ・ロゴス、という描写はパラレルなのです。］それに対してヨハネの手紙一のプロローグは、アポ・アル・ケーになっているのです。しかしヨハネの手紙の著者も創世記一章一節を念頭においています。そのことも反映しており、宇宙論的原初的「時」と、無関係ではないのです。しかし強調点が肉体をとって神がこの世、わたしたちの地上を歩まれる神になった、ということを、ヨハネの手紙の著者は強調したいので、こういう用語上の区別をしているのです。そこに出てくる「わたしたち」というのは、ヨハネ福音書の著者を中心に形成された、ヨハネ教団に属するキリスト者とその後継者たち、特に本節では、ヨハネの手紙一の著者とその教会に属するキリスト者を意味しているのです。そういう人たちが、聞いたもの、目で見たもの、しかも、聞いて、目で見て、そして今なお自分たちがその結果を有している、というテンス(tense)の現在完了形で記述しており、著者とその仲間のキリスト者たちが、今なお見聞きしている事柄に言及しているのです。すなわち、よく見て、手で触れたものというのは歴史上の事実のことを言っているのです。それを自分たちが、聞いて、見て、今なお、その影響を受けている、それを共有している者、それがわたしたちである、と述べているのです。ここでは著者が、現在完了形から、歴史において、一回限り生起したことを示すギリシア語特有の用語法のアオリスト時制に変えている点に注目する必要があります。それは、ここでは著者が読者に伝えようとしている「命の言」は、決して思弁的なものではなく、私たちの歴史において私たち自身が触れることの可能な史的な現実(ヒストリカル・リアリティ)であることを意味しているのです。ヨハネの手紙一の四章やあるいは、ヨハネの手紙二の七節に同じようなことが出てきます。「この命は現れました。御父と共にあったが、わたしたちに現れた」と、ヨハネの手紙一の著者は確信を持って本節(すなわち一章二節)で、宣言しているのです。人々に命を与える言(ロゴス)が歴史の真実として、イエスの地上の生涯における振舞い(教えと業)を通して、私たちにとって認識することが可能となったのです。ここからキリスト教の歴史が始まるのです。ヨハネの手紙の著者はそういう観点から、キリスト教の歴史が始まるところを強調しているのです。ヨハネの手紙一の著者にとっては、「神の言」は、イエス・キリストその方自身を指し示すと同時に、イエスによってもたらされた救いに関するよき知らせをも意味しているのです。これは時代が福音書より少しあとの時代のことを想定させる内容を示しています。ヨハネの手紙一の序文は、ヨハネ福音書を前提として読む時にのみ、その正しい解釈が可能となるのです。この「永遠の命」をヨハネ教団に属する者たちが、今という時に「証しし、伝え」ているのです。これは今度は現在形で書かれています。ちょうどヨハネ福音書のプロローグは、未完了という永遠から永遠にかつて存在していたものが、今歴史として起こりましたということを、実に見事に一章一節から一八節のところで書いているのです。「律法はモーセを通して与えられたが、恵みと真理はイエス・キリストを通して現れたからである。いまだかつて、神を見た者はいない。父のふところにいる独り子である神、この方が神を示されたのである。」と告知してイエスが先在の神的存在であり、それが、受肉して、すなわち歴史を歩まれる神として、イエスという形をとったのだということを、福音書記者ははっきり自覚しているのです。「恵みの上に、更に恵みを受けた。」(一章一六節)というと、この訳は、何かイスラエル宗教史を通して、恵みがあって、それにイエスを通してさらに恵みが加えられたかのような、同質の内容の恵みのことを言っているようにとられてしまうのですが、そうではなくて、原文は「恵みに代わる新しい恵み」を与えられたのだという、前置詞で書かれているのです。一九五四年の口語訳聖書(協会訳)の方がまだよい訳ですが、似たような訳なのです。恵みに代わる新しい恵みをもたらす方が、(言は)肉体をとって私たちの歴史に係わったのであると訳さないと、少なくともヨハネが言いたいことを伝えたことにはならないのです。この永遠の命を、ヨハネ教団に属する者たちが、今というときに証しし、伝えているのですから、ヨハネのプロローグの方も書いている人も、それを聞く当時の人もよくわかるわけですが、時を示す時制まで変えて、伝えようとしているのです。ヨハネの手紙の著者も、自覚的に意図して書いているのです。その意図をわたしたちが、理解しないと聖書を読んだことにならないのです。ここにはユダヤ人社会に伝統的な、来るべき世における永遠の命という神学思想は見られますが、神のイエスにおける歴史への到来において、今ここで、既に、永遠の命が賦与されているとのヨハネ教団に共通の福音理解が示されているのです。これは二節の内容の要点だと私は思っています。

三節に出てくる「あなたがたにも伝える」というその内容は、一から三節前半の内容である目的語全体を受けている主動詞です。その伝える趣旨は、「あなたがたもわたしたちとの交わりを持つようになるためです」と著者は、ヨハネ教団内部の信仰における一致を勧めると同時に、なぜ一致しなければならないかということと、何によって一致するかという、その結束の根拠が、「御父と御子イエス・キリストとの交わり」にある、すなわち父なる神と子なるイエス・キリストとのコイノーニア（交わり）にあること、を強調しているのです。それをわたしは、前に言及しましたが、モーセの十戒は、一戒から四戒までは、神と人間との関係について記されており、五戒から十戒まではわたしたち人間のあいだの人間関係の在り方の筋道、すなわち倫理について告げられていますが、一戒から四戒までがその倫理の根拠となっているのです。すなわちその一戒から四戒までがなければ、人間のあいだの筋道だけ言うならば、これは儒教においても人道主義においても言われていることです。父母を敬え、殺してはならない、盗んではならない、などは普通の変哲もない教えです。そのようなことをいくら教えられても、最近の風潮ですが、平気で親が子を殺したり、子が親を殺したり、あるいは、人間同士が傷つけ合ったり、だまし合ったりするのです。しかしそれは無理もないと思います。倫理・道徳の基礎である一戒から四戒までの部分を、家庭でも、学校でも、職場でも、教えていないのですから。そういうものをむしろ、意図的に教えないできたのが戦後の五十六年間でした。即ち一戒から四戒までを教えないで五戒から十戒までをいくら教えても意味がありません。「あなたがたもわたしたちとの交わりを持つようになるためです」というこの部分に相当することです。教会が一致しなければならないという根拠は「御父と御子イエス・キリストとの交わり」にあるというのが、三節の趣旨なのです。その根拠を、交わりの規範とするとき、キリスト者相互の間の喜び、信頼、一致を共有し、人間としての弱さに起因する悲しさ、不信、分裂の根を断ち切ることができるのです。ヨハネ福音書を書いた人の流れに立つヨハネの手紙の中でも、さまざまな分裂の流れがあるのです。四節の、「わたしたちの喜びが満ちあふれるようになるためです」ということがヨハネの手紙一の著者の執筆の第二の目的です。この表現はヨハネ福音書中にも頻繁に出てきます。キリスト者の喜びは、イエスの振舞いに起源する喜びなのです。

五節に「わたしたちがイエスから既に聞いていて、あなたがたに伝える知らせ」と記されています。ヨハネの手紙一の著者が初めに聞いたのは、歴史のイエス、啓示者イエスに起源するものである、との確信が本節で告知されているのです。これは明らかにグノーシス主義者たちに対する一つの批判、チャレンジです。

その次に、「神は光であり」と記されています。ヨハネ教団内部では、神の本質を定義的に示す用語を多く見いだします。これはヨハネ文書の特徴です。神は光であり、神は愛であり、また、神は霊である、という言い方です。しかし問題は神の属性が愛、光、霊なのであって、主語と補語がとってかえられてはならないということです。わたしが驚いたのは、光が神である、と信じている大学教師が現在も沢山いることです。光を神様とするゾロアスター教のようなものはないのかと思っていましたら、光を崇める宗教が今日なお存在しているのです。彼らは本当にまじめに、信じているのです。わたしは高等教育を受けた人々がそうなので、驚いたのです。理性と知性を謳歌する近・現代人ですら、光を神と崇める原初的信仰者、あるいは、愛を神の座に据える人々（ある意味でのヒューマニストです）がいるのです。ですから主イエスの愛の面とか、主イエスの教師としての偉大な面や、貧しい者の友になったことを強調するのは大事なことなのですが、そこだけを強調して、主イエスの神性

(Divinity) という面については今日あまり注目しない牧師や信徒がたくさんいるのも問題です。これは「神の愛」を取り違えて、「愛が神」だとなっている信仰に生きるクリスチャンがいるからであると、わたしには思えます。ですから、愛を神の座に据える疑似宗教に陥る人道主義者、ヒューマニスト (Humanist) は、これは残念ながら我が国の教会の中にもたくさんいるのです。霊を直接信仰体験と結合する熱狂主義的信仰者の出現は後を絶ちません。これも、霊が神になってしまうからです。このタイプの人も現代には、たくさんいます。いわんや、新々宗教や、カルト集団などはまさにそういう要素をもった人々の集まりです。しかし、これらはキリスト教信仰とは全く異なるものです。五節では、そういうことが言われているのです。「神には闇が全くないということです」という描写は、ヨハネ福音書の序文中に「光は暗闇の中で輝いている。暗闇は光を理解しなかった」と記されています。これは有名な言葉です。しかもここでは、「輝いている」と現在形で書かれているのです。すなわち、死、(闇) に対置する命 (光) を賦与する「命の言そのものであるイエス」の到来が告げられているのです。人間は肉体的には有限です。しかし、神の永遠に与かり、永遠に存在する「生」(レーベン Leben) に生きることが信仰において可能とされているというのが聖書の教えです。「光と闇」という二元論、デュアリスムス (Dualismus) はヨハネ福音書とヨハネの手紙一における神学的思想の特徴の一つです。光は旧約聖書において一つの隠喩 (メタファー) として用いられています。また、光と闇の宗教用語は、ユダヤ教文書とヘレニズム宗教用語においても用いられています。当時のイランの宗教 (ゾロアスター教など) において、さらにまた、グノーシス主義においてもその概念は援用されていました。キリスト教諸文書中にも多く存在しています。しかし、今言いましたように、ヨハネの手紙、あるいはヨハネ福音書が言及する時の光と闇の問題というのは、このような意図で用いられているのであって、当時のヘレニズム諸宗教あるいは、イスラエル宗教史を超えている、とわたしは申し上げたいのです。

六節の「闇の中を歩む」という表現は、「光の中を歩む」という描写と共によく知られているユダヤ的な隠喩ですが、本節では、人々の間に嫉妬（ジェラシー）と憎悪と不信を植え付け、究極の存在（神）についての偽りのプロパガンダ活動をすることを意味しています。これは実は神話論的表象（ミソロジカル・フィギュア mithological figure）におけるディアボロス（diabolos）、サタン（satan）、すなわち、悪魔と同じです。おとぎばなしと神話とは、違うのです。神話論におけるサタン、ディアボロスといわれているものの性格は五つほどあるのですが、実は悪魔の性格というものを、聖書の時代の人たちはよく知っていました。ですから、ある意味では比喩的に使っているのです。もちろんわたしたちは、当時の人々が言っている、サタンとかディアボロスの性格を理解すると、現代にも共通している事を指していることがわかります。すなわち、一番の問題は、天使が堕落するとサタンになるのです。堕落した天使は、サタン（ディアボロス）なのです。元来天使は神様のお告げをする役割を担う者なのです。神様の言葉を運ぶ、伝達する役目を担う存在です。ところがその役目を放棄してしまうと、その天使は、悪魔と同じことになります。悪魔の性格は、見た目に美しく、口当たりよく、聞きやすい言葉と態度をもって人々に近寄ってきて、人間を非人間にする言葉をささやくのです。究極的な存在に対して偽りの宣伝活動、プロパガンダ活動をするのが悪魔なのです。実は闇の中を歩む人は、悪魔と同じであるということを、ヨハネの手紙を書いた人は言っているのです。「真理を行ってはいません」（六節）ということは、人間が、本来帰属すべき領域に戻ることを妨げるたぐいの行為を示していることです。すなわち、「人間とは何か」という問いに対して、本来人間が帰属すべき領域から逸脱していることを、罪であると、当時の人々は理解したわけです。現代風に言えばそういうふうに言ってよいと思います。これはもちろん神の領域から逸脱している、ということです。その典型的なことはアダムとエバの楽園追放という物語で非常に明確に表象化（シンボライズ）されて、言われているわけです。

七節の「光の中を歩む」者は、イエスの教えを実践する者であり、「真理を行う者」です。「御子イエスの血によってあらゆる罪から清められます」（七節）。人々のためのイエスの犠牲の行為が、キリスト者のコイノーニア（交わり）の基礎となると告げられています。これは初期キリスト教の神学（思想）の中心でした。なお、そこにおける「御子イエスの血」は、イエスの死について告げる象徴的方法です。キリストの血は、私たちの罪を取り除き、神と人間との断絶を埋め、隔ての中垣を取り除くのです。すなわち、神と人間との間を妨げるものから解放するのです。

八節の「自分に罪がないと言うなら」という言葉ですが、「罪がない」という言い方は、ギリシア語原典では、「罪を持っていない」という表現で述べられています。一〇節の「罪を犯したことがない」と同義です。

「真理はわたしたちの内にありません」（八節）。「真理」という用語は、ヨハネ福音書とヨハネの手紙において中心的概念を示す語であり、ヨハネ教団に属する者の信仰と神学思想を理解するためのキーワードです。それは、神の実在（リアリティー）を意味しており、それ自体は永遠であり、歴史のうちに、すなわち歴史のイエスにおいて顕現しているのです。これを真理（アレイセイヤ）と言っているのです。

九節「自分の罪を公に言い表す」。ここでは「罪を告白する（ホモロゲオー）」という用語が用いられています。教会で礼拝のたびに「自分の罪を公に言い表す」のは、「神は真実で正しい方ですから、罪を赦し、あらゆる不義からわたしたちを清めてくださ」ることの承認なのです。

一〇節「罪を犯したことがないと言う」のは全くの偽り（欺き）であり、イエスの十字架において罪を贖う神の行為を認めないだけでなく、その救済の業を否定し、「神を偽り者とすること」に通じるのです。それは、神を冒瀆することにほかならないのです。したがって、「神の言葉はわたしたちの内にありません」(一〇節)、すなわち、イエスにおける「神の啓示」を認識することができないとの告知がここになされているのです。これを現代風に言うならば、自らを神の座に据えるもの、あるいは相対的な自己、あるいはそのたぐいの存在を絶対化することを否定する原理・原則を自らの内に持たない、驕慢な「生」を生きるわたしたち人間の姿を示しています。そういう傲慢な生き方をする者は「罪を犯したことがないと言」い張る者です。これはまさに現代人が相対的な自己、あるいは相対的な思想や、イデオロギーを絶対化する、その絶対化しようとする傾向を否定する規範を持たないことに通じることです。現代の宗教はこのようなことを問題にしなければならないのです。

2 (2) ヨハネの手紙一のプロローグの思想と現代の教会の課題

―ヨハネの手紙一のロゴス・キリスト論を中心に―

ヨハネ福音書記者の高度なキリスト論の影響から二元論的救済論を唱えるグノーシス主義者を初めとする、多くの分離主義者をヨハネ教団内部から生じたのです。啓示者と同様に自らもグノーシスを認識するとする「グノーシス主義」者たちや、イエスを先在の神の子が仮の姿をとってこの世に来たと見做す「仮現論者」や「エビオン派」、「ナザレ派」などユダヤ教の教えと慣習から解放されていない異端的分派を生む結果を招いたのです。

ヨハネ福音書記者の神学思想の正しい後継者であるヨハネの手紙一の著者は、キリストの人性を否定する者を、「反キリスト」(Anti-Christos) と批判し、激しい抗争を展開し、後の正統的キリスト教に至る道を備えたのです。すなわち、ヨハネの手紙一の著者は、三位一体のキリスト論、「父なる神、子なる神、霊なる神」、の基礎を築いた人物の一人である、とも言えるのです。

現代との関係で言いますと、宗教の多元化が主張され、「なぜキリスト教か」を問い、「キリスト教の絶対化」と「神のみを神とする」という真の信仰を否定する「時代精神（Zeitgeist）」の只中で、私たちキリスト教会に属するキリスト者は、イエスを自らの救い主、キリストと告白する信仰の確かさを、このヨハネの手紙一の著者の冒頭のプロローグに込められた、ヨハネの手紙一の著者の神学思想と信仰の確かさから示されたいものです。神は、あのナザレのイエスにおいて、自らの存在と人間に対する自らの愛と真実を、私たちが認識可能なかたちで示されたのです。（これをヨハネの手紙の著者がわたしたちに告げたいのです。）ここに啓示宗教としてのキリスト教の独自性があることを、キリスト者は自信をもって告白したいものです。この点を曖昧にすることによって、イエス・キリストにおいて示された神以外の存在を絶対化するという愚行を重ねて、その結果、人類史に悲惨と人間性の破壊の数々を招来させてきたのです。（これは戦前、戦中のみならず戦後の五十六年間はそうだったのです。）この風潮は今日ますます顕著となっているのです。

イエス・キリストに起源するキリスト教の存在意義は、歴史文化における宗教現象としてのいわゆる「宗教」をも相対化する視点を与える点にあると言えます。すなわちキリスト教といえども、いつの間にか形骸化していったり、大きな過ちを犯したりするのです。それは歴史文化の中における宗教現象を何か絶対的な存在であるかのように錯覚するからです。歴史宗教の中における宗教形態を絶対化するなら、カルト宗教と何ら変わらないのです。キリスト教を生み出す基になっているものをわたしたちは自分にとって絶対的なものだと信じなければならないのです。

新々宗教はもちろん、伝統的な宗教をも批判する視座、視点を適切に与えてくれるものが本物の宗教なのです。

それを聖書の宗教、すなわちキリスト教は大事な精神としているのです。

イエス・キリストの存在は、一世紀の地中海世界に支配的覇権を誇示したローマ帝国（国家権力）に対して、また、イエスの社会的史的背景であるユダヤ人社会に支配的であったユダヤ教の指導者層に対しても、脅威を与えたのです。ユダヤ教それ自体は優れた宗教です。ユダヤ教を宗教的権威として、人々を支配しようとする者、すなわち、国家権力と結託して人々を支配しようとする勢力にとって、それらの権力を握る者、力で人間を支配する勢力にとっては、イエスの存在それ自体が、脅威的な存在だったのです。それゆえイエスを抹殺するために、すなわちイエスを十字架につけるために、大変象徴的なことですが、当時のパレスティナ地方のユダヤ人社会を支配していた、ユダヤ教という宗教と、当時の地中海世界を支配していた（国家権力を握っていた）ローマが手を結んだのです。すなわち相対的なものを絶対化しようとする、そういう動きの人間にとっての危険性をイエスは示したからです。これが、ヨハネの手紙の中から読み取れることなのです。イエスの社会的史的背景であるユダヤ人社会に支配的であったユダヤ人指導者層に対しても、主イエスとその弟子たちの振舞いは脅威を与えたのです。イエスの振舞いの中に、神以外のものを絶対化することに起因する愚行をはっきりと示す「人間解放」の根源的な思想を、当時のユダヤ人社会とローマ側の指導者層に属する者たちは、感じ取ったからにほかならないのです。現代のわたしたちキリスト者はそのイエスの心を自らの心としたヨハネの手紙一の著者から、いずれの道を選ぶかを、今このテキストから問われていると言えるのです。

二番目は、永遠の命と、永遠の今ということです。わたしたちの存在はなぜ尊いのか、現在の青少年は、なぜ自らの命のみならず、隣人の命に対してでさえ、軽々に扱うのか。ごく最近は「コドモ」の世代に限らず、親や教師の年代に属する「オトナ」（わたしはわざわざカタカナで書いているのです）たち、すなわち、オトナ社会の生命に対する畏敬の念の喪失という点では、青少年と同じです。家庭、学校、社会の各界の教育が崩壊しているのは、我が国ならず、地球規模の現実です。命の尊さを何を判断規範として主張しているのか。命ある存在のすべてが何故かけがえのないものなのかが問われているのです。現代は「命の質」が問われているのです。命あるものは、すべて例外なく神の祝福を受けていると、創造に際し、神の祝福を受けて「生」(レーベン Leben, Life) を受けているとの理解が、旧新約聖書を貫いている神学思想なのです。ヨハネの手紙一の冒頭の序言は、新約聖書中そのような思想を明瞭なかたちで言及している貴重な文書なのです。

神の言《ことば》そのものであるイエスにおいて、私たちは、神の永遠の命を「今」という時に与かる恵みを得ている、とのメッセージがヨハネの手紙一の序言には含まれているのです。時間と空間の限られた「生」に生きる私たちは、信仰において「永遠の今」、すなわち永遠から永遠にいます神の命に与かる、すなわちその命が「今」という時、「永遠の今」を生きることが許されていると聖書は告げているのです。その理解に至ってはじめて、私たちは自らの尊さと、隣人もまた、そのような「生」に生きる権利を神から与えられていることを「相互に承認し得る共通の基盤」を持つことができるのである、と言えるのです。

三番目は、光の中を歩むことと、闇の中を歩むことについてです。歴史を超えたところに善悪の絶対的価値の究極の判断規範の支点を求める「生」に生きることの大切さを、聖書は私たちに告知しているのです。すなわち、近・現代人が倫理・道徳の面で危機的状況に直面しているのは、歴史を超えたところに善悪の絶対的価値の究極の判断基準を求めるということをしなくなったからです。自分の経験できること、体験できること、あるいは実験可能、繰り返し可能で公式化、定式化ができること以外の領域を認めない、信用しないのです。私たちが何かのときにふと、そのように考えている自分を顧みる視点、視座に自分を置くことが、信仰の領域の事柄なのです。

これが信仰者の「生」です。信仰者というのは隣人の人生目的や価値観が自分のそれとたとえ異なっても、それを選択する権利は隣人にあることを心から承認できる者をいうのです。これが「光の中を歩む者」すなわち「信仰者」の生き方であると、ヨハネの手紙の記事単元は告げているのです。

「闇の中を歩む者」は、神から離反し、罪の中でその「生」を生きる者です。神からの逃走を企てる者は、神の座に神ならぬものを据えて神とするのです。そこから、専制、独裁、抑圧、反人間的行為の数々が生起するのです。二十世紀は、そのような「愚行」の歴史に分厚い頁が加えられた世紀であったと見做すことができるのです。拙著『規範なき時代の宗教』(教文館　一九九八年)の中で繰り返しこの点を指摘し主張してきたことです。

闇につける勢力の特徴は、親子、兄弟、姉妹、男女、労使、民族、国家などなどの間に、不信と対立と憎悪と妬みを持ち込むのです。それらの対立関係にある者は、闇の支配者たちにとって、統治し易いからです。それに勝利する道はただ一つです。神が光の中におられるように、わたしたちもまた、光の中を歩むことなのです。「ヒト」(カタカナの「ヒト」)が「人間」に、しかも、(信仰者というのはわたしは「成熟した人間」と表現しているのですが)「成熟した人間」へと変えられるのは、「御子イエスの血によってあらゆる罪から清められる」時なのです。この「成熟した人間」というのは、先程の言葉でいうならば、隣人の人生目的や価値観が自分のそれとたとえ異なっても、それを選択する権利は隣人にあることを心から承認できる者を言うのです。信仰者の生です。それが成熟した人間の生なのです。

四番目は、キリスト者相互の交わり(コイノーニア)と宣教の問題です。キリスト者の交わり(コイノーニア)の規範は、父と御子イエス・キリストのコイノーニアにあるのです。教会の一致とそこに起源する宣教が教会を強め教会を整えるのです。キリスト者相互の愛は、イエス・キリストの愛を規範とするのです。これは、不信と憎悪と妬みを人々の間にかき立てて、人々（人間）の間に対立と抗争をもたらすことを企てる者たちにとっては、挑戦的（チャレンジング）であると言えるのです。わたしは戦後の日本の一つの欠陥は、労使対立とか、あるいは親子の間の「孝」とか、あるいは師弟の関係で師を敬う、という考え方が、ほとんど崩壊したことだと思っています。崩壊することはある人たちにとっては都合のいい思想なのです。ですから、親から何かしてもらっても、隣人から何かしてもらっても、当然の権利として受け止める風潮が支配的です。決して感謝して受け止めることをしないようになりました。こういう人たちが大勢いる世の中というのは支配しやすいのです。それゆえ為政者は必ずそのような風潮を意図的に生み出します。ですから為政者と宗教の原理主義者というのは、そういう面で手を結ぶのです。しかしそれに対して、キリスト教の信仰をキチンともって成熟した人間の多いところでは、その存在そのものが、そういった時代精神に対してチャレンジングであり、為政者や権力を独占しようとする者にとっては脅威なのです。教会が時代精神に迎合するなら、信仰者は「世の光」の役目も「地の塩」としての役割も担えないのです。

わが国のキリスト教会の課題はそこにあるのです。ヨハネ福音書記者と、その信仰と神学思想の正しい継承者であるヨハネの手紙一の著者は、内にあっては異端的言動をなす者に対して戦い、外からは他宗教からの攻撃と誤解に対し神学的論争を展開していったのです。さらにそうした困難な教会の置かれている史的状況の中で、宣教の課題を的確に担っていったのです。それゆえに、イエスをキリストと告白しない勢力を「反キリスト」と位置付け、ヨハネ教団の信仰の内実を鮮明にしたのです。イエスの神性と人性の双方を認めない者との戦いは現代の教会の課題でもあります。この点を曖昧にする時、キリスト教会は衰退するのです。教会が崩壊すると言ってもよいのです。

偽教師と似非（えせ）預言者、また偽メシアと似非宗教家はいつの時代にも登場します。その者たちは、神についての偽りのプロパガンダ活動を華々しく展開するものです。見た目に美しく、聞き易い言葉をもって人々に接近（アプローチ）するのです。すなわち、自由と平等、平和と繁栄、人権尊重を唱えつつ、この世に新しい拘束と差別、抗争と荒廃、人権蹂躙と抑圧をもたらすのです。二十世紀の東西の陣営の国と国との関係、あるいはそれらの国の中で起こったことを想起する必要があります。前世紀の二つの世界大戦とその後の地域紛争はその事実をあらわにしたのです。ヨハネの手紙一、一章は現代への問いを発信しているのです。

わたしは一章だけと言いましたけれども、実はもうおわかりいただきましたように、ヨハネの福音書も、手紙の一、二、三も、そういう戦いの中で、イエス・キリストを、地上を歩まれる神として自分の救い主と告白したのです。そして異なる思想の人たちの挑戦を受けて、戦うと同時に、単に受け身でなくて、自分たちの福音宣教を地中海世界に広げていったのです。そして小アジアを経てエーゲ海東端に位置するエフェソの方面に移動していって次の世代の人たちによる正統的キリスト教会形成への橋渡しの役割を遂行したのです。

五回目はそのエフェソを中心にした地域の、ヨハネ黙示録のことに少しふれたいと思います。

五　ヨハネの黙示録の歴史と神学

1　ヨハネ黙示録の歴史と構成

ヨハネの福音書とヨハネの手紙については、研究書や注解書を執筆してきましたので、この講座の講師をお引き受けいたしましたが、今日は今までまだ研究書も注解書も書いていない、「ヨハネ黙示録」を扱うことになりました。しかし新約学を専攻しているものが、福音書と手紙しか講義ができないというわけにいきませんので、教会学校の先生方向けの月刊誌『教師の友』に一九七七年四月から七九年三月まで二年間連載した原稿を基にして新約聖書を構成する全文書を扱った『現代新約聖書入門』（日本基督教団出版局、一九七九年）を執筆しました。（今日の参考文献の中に挙げておきましたけれども、九版まで版を重ねている本です。牧師志願者が試験を受ける時に参考にするというので、多くの神学校の卒業生と最終学年の方が読まれるということを聞いています。）この書物で新約聖書二十七巻各巻を取り扱いました。入門書ですが日本新約学会の学術誌『新約学研究』に論評の対象の著作として取り上げられました。ドイツの学者の類似の著書はその間に一、二刊行されましたが、翻訳の論評はその学会誌では扱いません。私の著書の出版後二、三年後に、荒井献氏が監修された、六人の共著『総説　新約聖書』（同出版社一九八一）が刊行されました。この書物をわたしが同じその学会誌で論評しました。新約聖書全二十七巻の全体を書いたので、その責任上同じく全体を扱っている『総説　新約聖書』を論評するようにという学会理事会の意向でした。わたしの自分の書物の中で当然黙示録を扱いましたので、それを参考資料として今日お話ししたいと思っております。もちろん、今日はそれを補いながら、それからほかの研究者たちの意見と比較検討しながらすすめます。もう一つ申し添えたいことがあります。この講座のお話しがあった時に、総主題を「ヨハネの世界―福音書・手紙・黙示録の歴史と神学思想」という題にいたしました。この中に黙示録を入れましたのは、どういう理由かということです。今日五回目が「ヨハネの黙示録の歴史と神学」という、全体五回の総目次を出しました。その時、一番目が、「一世紀のユダヤ人共同体とキリスト教徒」、二番目が「ヨハネの世界とは、どういうことをいうのか。―ヨハネとその教団の歴史的展開―」三番目が「ヨハネによる福音書の歴史的とその中心的神学思想」、これは三つのヨハネのキリスト論を中心にお話しさせていただいたのです。そして前回が「ヨハネの手紙一、二、三の歴史と神学」、今日が最終回の五回目で、「ヨハネの黙示録の歴史と神学」といたしました。一回目の講義の際に、このような章立てをいたしますと、ヨハネ福音書とヨハネの手紙一、二、三は「ヨハネの世界」という枠組みに入れてもよいけれども、ヨハネ黙示録まで入れるのは学問的ではないのではないか、と言われるのを覚悟で入れたということを申し上げました。それは確かに一時代前の新約聖書緒論学、いつ、だれが、何の目的で書いたか、どんな文学的な特徴があるかなどを扱うものを緒論学と申します(Introduction to the New Testament あるいは、Einleitung in das Neue Testament と、英語圏やドイツ語圏ではそう称しています)。これは日本語では新約聖書緒論学と称します。そこでは「ヨハネ文書 Johannine Literature」という枠組みで一昔前は取り扱いましたけれど。その際の根拠としましては、しばしば初代の教父、「使徒教父」とか「使徒後教父」と区別立てもしますが、初代のイエスの弟子たちと、その後を継いだパウロや、パウロの弟子たち、さらにその後、初代教会の主流を行った人たち、すなわちローマ・カトリック教会に流れる歴史を築いた教父たちの働きがあります。その間、正統、異端をめぐって激しい論争が生起しました。そういうことについてしばしば引用し、貴重な資料を残したエウセビオスの『教会史』などに、ヨハネの黙示録も、少なくとも長老ヨハネが書いたであろうという伝承が残されているのです。しかしそういうことを根拠にしたことに関しては、ここ二十世紀の聖書学、とりわけ、二十世紀の中頃あたりから今日に至るまでは、そのような想定は無理であるということは、国際学会を構成している人たちの間では共通の理解です。最近のわたしが検討した書物のほとんどもその点では一致しています。すなわちヨハネの黙示録の本文とか思想は、ヨハネの手紙一、二、三とヨハネ福音書とは、相当違いがあるのです。ですからそれを同じ著者、同じグループ内の著作であるとするわけにはいかないのです。そのことを最初申し上げました。現代のわたしたちも、エウセビオスなどの伝える古代の伝承を参考にしますが、それに全面的に依拠して歴史資料として用いることはいたしません。もちろん資料批判をした後に、資料として使えるかどうか、という判断を各研究者はしているのです。ここまでは、前に申し上げました。しかし最近の紀元一世紀から二世紀にかけての、この初代教会の発展の歴史は一番初めに申しましたように、ナグ・ハマディ文書や、死海文書の発見だけでなく、とりわけパレスティナ地方の史跡の学術的考古学的発掘と、たくさんの古代の文書あるいは碑文などの発見により、どの時代にも勝って、イエスの背景と同時代のもの、それから少し後の歴史的状況が、発見された資料によって明らかになってまいりました。わたしはそれを次のように申しました。ヨハネ福音書記者を指導者とするヨハネ教団はパレスティナ＝シリアの国境地域からエフェソに至る史的展開、歴史的発展が想定できます。とりわけシリアからヨハネ福音書記者とヨハネの手紙一、二、三の著者の、宣教活動の拠点と推定される、同じく小アジアの西海岸に位置するギリシア、ローマ時代の大都市エフェソとその周辺の町々と村々がかなり蓋然性の高い想定が可能となったのです。すなわちヨハネとその教団の人たちは根拠地として移動した史実を明らかにすることができ、また、そういうことを勘案するとき、すなわち、今聖書学の領域だけでなく、ひと昔前の区分でいいますと、東洋史とか、西洋史の領域でも、地域研究というのは盛んになっています。今日本史の古代を専門としている人たちも、大体、シベリアや、中国東北部と、日本とのつながりを共通の地域として研究していく、あるいは、東南アジアと日本の文化の交流を、稲作の伝達を中心に検討していくなどの地域研究というのが盛んです。わたしがここで申し上げましたのは、ヨハネ黙示録の著者が、今日すぐ出てまいりますが、パトモス島で執筆したことは、どんなラディカルな学者も否定していません。その後わたしが前述の著書を書きました後に出ております、邦語の著作で学的に信頼できるものは、三つ程あります。参考文献として紹介しました佐竹明著『ヨハネの黙示録注解書上・下』と、『黙示録の世界』(新地書房)と、本聖書セミナーで、一九九三年に「ヨハネの黙示録」を三回講義されたものです。二人の講師による講義録のうち、『ヨハネの黙示録』と題した後半部分五九頁から一三五頁に見出せる論文が、佐竹氏によるものです。わたしの書いたものとそれらを比較しましたが、訂正する必要はありませんでした。佐竹氏は、セミナーの最後のところで、当時の支配階級であったローマ大帝国に対する黙示録という書物を用いてそれに抵抗するキリスト教会を代表するのが、ヨハネ黙示録の著者であったと記述しています。そういう信仰、そういう生き方に言及しています。さらに佐竹氏は一世紀の終わりに書かれた第一クレメンスの手紙について言及していま す。これは新約時代の指導者のひとりが書いているわけですから、クレメンスの手紙の著者は、あまりローマ帝国に対する批判はしていないのです。その二つを佐竹氏がこのセミナーで取り上げて、ヨハネ黙示録の著者は、キリスト者が、国家体制に対して批判をしなければいけないのだという観点から書いているのである、と主張しています。

ヨハネ研究をしてきた者から見ますと、一回から四回にかけて申し上げましたように、同じエフェソ周辺の諸教会に(ヨハネの手紙一、二、三はまちがいなく発信していますが)ヨハネの黙示録の宛て先が、ヨハネ黙示録の中に出てくる七つの教会、すなわちラオディキアや、あるいはエフェソなどです。その教会は大体五〇キロから八〇キロの距離で点在しており、今のトルコのすなわち昔の小アジアのエフェソを中心として、円を描けば二〇〇キロ以内に入るような著名な都市に存在する教会に対して宛てているわけですから、その中でヨハネ黙示録の著者が警告とか、励ましをしているというのが、大方の人の意見です（わたしもそうであると思っているのです）。その枠の中で、第一クレメンスの手紙の著者が、ローマ帝国を批判しないで、むしろ教会の人たちが時の秩序に従うようにと、そういうことを奨励していることに対して、少しぬるいのではないかと、そういう観点からこの聖書セミナーで、佐竹氏は結論として語っています。わたしはそういうクレメンスのような立場で教会を指導している人々と、それから激しくローマ帝国の国家権力を握る者の弾圧、あるいは新しい宗教（キリスト教）を弾圧している、勢力に抵抗しなければならないという黙示録の著者の立場と異なる他の立場の存在をも、理解する必要があると思っています。地域研究という観点から申しますと、同じ戦いをしていても、ローマ帝国ではありませんが、考えようによってはそれ以上に危険な思想であったグノーシス主義者、あるいは、まだユダヤ教の教えとか習慣をひきずってキリスト教会の中にいる人たちで、結局はシナゴーグにつける勢力から抜けきれないキリスト者たちを出している、そういう人たちの指導やそういう人たちに対する教え、弁証、弁明をしているヨハネ福音書とか、あるいはヨハネの手紙一、二、三は、対象にしている論敵の違いからくる強調点の違いがあるのであって、それによって著作内容の特徴が出ているのです。それゆえ、一概にどちらが優れているとか、いない、とは言えないとわたしは思っております。そういう教会の指導者の直面していた問題の違いによって、これからお話しするヨハネ黙示録の著者のような書き方をすることも必要であるし、見方によってはそれ以上にキリスト教会の内部からさまざまな異端者を出していく、危機的状況を解決しないと、キリスト教会そのものが崩壊してしまう、という関心から、ヨハネの手紙一、二、三の人たちが書いていることは、キリスト教の存亡のかかった深刻な問題だったと言えるのです。クレメンスの手紙も、わたしは、成立したての初期キリスト教会において、直面する内外の敵対者との抗争の状況の中で教会を維持するためには必要であったと考えています。つまりクレメンスのような指導者がいたからキリスト教の教会の歴史を形成することができたのだろうとも、言えなくもないのです。一例をあげますと、あのフラウフィス・ヨセフスであっても、対ローマ戦争のとき（六六年から七〇年）に、一つの砦の将だった人ですが、後にローマ側に捕らえられて（その間にいろいろなエピソードがありますが）、ローマ側の御用学者になったと批判されることもあり、裏切り者（ユダヤ教のラディカールズからすれば、寝返った者）などのレッテルを貼られましたが、結論だけを言えば、ユダヤ戦記、ユダヤ古代誌、その他優れた歴史資料を書き残したことと、ユダヤ民族のその後の歴史における立場維持のために大きく貢献したのです。一世紀のユダヤ教とキリスト教、あるいはローマのことも含めて、大変貴重な歴史資料を残したのです。さらに、今日のユダヤ教の二千年間にわたるユダヤ教の基いを築いたと言ってもよい七〇年から八〇年と、八〇年から一一五年のユダヤ民族の核の部分を指導したヨハナン・ベン・ザッカイ、ラバン・ガマリエル二世という人たちは、密かにエルサレムからその戦争のさ中に棺の中に入って担ぎ出された（と言われているエピソードもある）のです。見つかれば、玉砕を覚悟しているゼーロータイやすなわち過激な人たち（同胞の人たち）に殺さるという状況下にあったのです。ローマ側もそれを承知で、見逃して、ヤムニアのサンヘドリンが回復され、その後のユダヤ教の統一に貢献したのです。ですから、そういうことをした人が、当時のローマ側に妥協したとか弱かったと言えるかどうかに関しての評価は、歴史解釈の視座をどこに置いているかによって異なってくるのです。歴史の流れ、国際的な視野から自国の立場を顧みることをしないで、無謀な戦争をして、ユダヤ民族を歴史の舞台から、消滅させてしまうような（すなわち、国家が滅亡するような）、一見して勇ましい檄を飛ばすような人たちが本当にユダヤ人の歴史を担うのか、それとも妥協しながらも、しかも自分たちのユダヤ教を信奉するという筋を通しながら、（その後の歴史を見ますと）ラビ的・ファリサイ的ユダヤ教の歴史を担った人たちが、異民族の間で、全ユダヤ人のあれだけのアイデンティティを二千年も失わないできた基いを作っていったとも考えられるのです。それゆえヨセフスやヨハナン・ベン・ザッカイやラバン・ガマリエルの方が、ユダヤ人の歴史を正しく担った人々である、と言えるかもしれないのです。

地域的観点から見ますと、今までのようにヨハネ黙示録の著者が直面していた、黙示録によって明らかにされたローマ帝国の国家支配体制とキリスト教との対立、国家権力とキリスト教との対立、という、一つのことは言えるでしょう。ヨハネ福音書記者とその流れを汲む人たちが同じ文化圏で、同じ地域社会で別の戦いをしていたと考えますと、ヨハネ文書（Johannine Literature）として括ってもよろしいのではないか、ということを、最近わたしは考えさせられているのです。これは前置きです。

今日のレジュメの序として、「ヨハネの黙示録の歴史について」と「ヨハネ黙示録の構成について」と記しました。

創世記の天地創造の記録をもって書きはじめられた「聖書」は、六十六巻の冒頭が創世記ですから、聖書は、世界の開始と終末と、さらに新しい天と新しい地の出現を描くヨハネの黙示録をもって終わります。今日扱うヨハネの黙示録における「黙示」（アポカリプシス Apokalypsis）というのは、この世に対して隠されてる神の言葉と業《わざ》が、本来は人びとに明らかに示されることであり、その意味において「黙示」は「啓示」と同じである、と言えます。しかし、全く同じとは言えない面もありますので少し補いますと、一般的にはさきほど言いましたように、隠されていた事柄をあらわす行為です。それによってあらわされた事柄を黙示というのですが、これは一般的なことです。神学的には神が自らを現し示す（reveal）のです。ここから啓示（Revelation）という宗教用語が作られたわけです。ドイツ語も同じことで、開く（offen）という動詞の名詞形が Offenbarung（啓示）です。英語の Revelation と同じです。神学的には神の自己啓示、あるいは、啓示の内容を意味するのです。それが特別な仲介者によってもたらされる、明らかにされる、これを「黙示」というのです。本書の著者はその「黙示」をエーゲ海上の小群島の一つであるパトモス島で受けたと述べています。保守的な学者もラディカルな学者もこれを否定する人はいません。この著者の幻視体験、幻を見るという幻視体験は、キリスト教の発生以来二千年の歴史の中で、キリスト教の新々宗教、キリスト教的新興宗教の人たちによって主張されてきました。しかし、ここで注目したいことは、キリスト教の黙示文学、あるいは黙示、聖書の黙示録を書いた人々は、「イエス・キリストの黙示」を主張している点です。聖書は、神がその僕たちに示すために、キリストにお与えになり、そして、キリストが天使を送って僕ヨハネ、（自分）に伝えたものと記しています。これは何でもないような書き方ですけれども、ここが真のキリスト教と、キリスト教と称しても実際はキリスト教でない、似非キリスト教の新々宗教との違いです。あくまでも、聖書の黙示録というのは、キリストによって示されたもの、あるいは、キリストによって現されたものを媒介とするものであるという自覚がなければ、これはキリスト教の黙示と似て非なるものになるということです。これはキリスト教と、それから、統一原理やモルモン教などのキリスト教と称するところのキリスト教でないものと、本物のキリスト教を、峻別する時の一つの判断基準といってよいかと思います。ですから、黙示的裁きを激しく展開するこの著者も、そこからは外れていないのです。それゆえ、聖書の中のしめくくりの書としては、ふさわしいと言えます。この点が大事かと思います。

黙示文学は、イスラエル民族のバビロン捕囚以降、特にヘレニズム時代に入ってから、ユダヤ教において成立を見た、伝統的な文学的ジャンルです。とりわけ誰もが共通して指摘していることは、旧約聖書においては、紀元前二世紀ごろに書かれたダニエル書が、その代表的文書であり、その他旧約偽典中のエノク第一書（紀元前二世紀以降の諸文書よりなっています）、モーセの昇天（紀元一世紀前半に成立）、第四エズラ書（紀元一世紀末成立）などが広く知られています。それらの諸文書は、イスラエル宗教史上、重要な役割を担った人物の名を用いて、一見理解しがたい多様な象徴、異象、比喩的表象（メタファー）などを用いて、この世の終末と、間近に起こる歴史のこの終末の切迫を指摘しているのです。また、神に敵対するこの世の諸勢力に対する神の審判と、勝利する神がもたらす新しい世界の開始などを描写していますが、それは黙示文学に共通する特徴である、と言えます。実は新約聖書の中にも、「小黙示録」といわれるマルコによる福音書一三章をはじめ、いくつかの箇所に、黙示文学的断片的なものを見いだすことができます（第一コリント一五章、第二コリント五章、第一テサロニケ四章一五節以下、第二テサロニケ二章一―一二節など参照）。しかしまとまった形としては、今扱っているヨハネの黙示録だけであると、言えるのです。大事なことは、さきほど黙示文学に共通するものだと言いましたのは、書き方として共通することで、この黙示録の場合は、さきほど言及しましたように、結局はイエス・キリストについての、「キリスト論」がその中心をなしているという点であって、ユダヤ教諸文書のあるいは他の文書と異なります。新約聖書の場合はそれをイエスに集中するという意味では同じですけれども、まとまった形の黙示文学は、ヨハネ黙示録だけであると言えます。「新しい天と新しい地をもたらすイエス・キリスト」という、著者の独自なキリスト論が、本書の基調となっているのです。本書を読まれるに際し、その点に注意を向けたいものです。

2　ヨハネ黙示録の神学思想の特徴

ヨハネの黙示録が執筆された事情、これも大体どの書物を見ても、拙著に書きましたようなことの域を出ておりません。著者は、みずからを「ヨハネ」と称している幻（ヴィジョン）の見者であり、また預言者です。本書の用語、文体、思想などから、著者は、ユダヤ人キリスト者であることがわかります。ある研究者は、パレスティナのユダヤ人キリスト者と想定しています。本書の著者は、使徒後の時代の、小アジア地方の諸教会の有力な指導者の一人であったことがわかります。この小アジア地方の諸教会の有力な指導者という意味でさきほども最初申しましたように、ヨハネ福音書記者の後半の部分と、ヨハネ学派（シューレ）あるいはヨハネ教団の流れに立つヨハネの手紙の著者たちと重なってくるわけです。地域的には重なってくるという意味です。本書は、小アジアの七つの教会――「エフェソ、スミルナ、ペルガモン、ティアティラ、サルディス、フィラデルフィア、ラオディキア」――にあてて書かれた手紙を含んでいます（二―三章）。コロサイの信徒への手紙の中で、使徒パウロが「この手紙があなたがたのところで読まれたら、ラオディキアの教会でも読まれるように、取り計らってください。また、ラオディキアから回ってくる手紙を、あなたがたも読んでください。」と言っています。これはパウロの手紙ですが、コロサイの手紙を、あなたがたの教会で朗読されたらラオディキアの隣の教会に回してほしいと言っているのです。ラオディキアにも手紙を書いたから、そちらから手紙が回って来たら、コロサイの教会の、あなたがたのところでも読んでもらいたいと書いているのです。当時パウロが書いた手紙は、もちろん写本のかたちで書くわけですから、いろんなかたちで残っております、パピルスとか羊皮紙とかに残されているのです。要するに回状であったことがわかります。ですからこれがもし、ラオディキアにパウロが送った手紙だということが今後写本のかたちで発見されたら（現在の聖書二十七巻の中に入ることはないと思いますけれども）、それに準ずるものとして、パウロのラオディキアの信徒に対する手紙というかたちで、付け加えられるでしょう。こういう未発見の手紙はたくさんあると言えるのです。コリントの手紙なども何通かの手紙が一つにまとめられていることも想定できるのです。それらの手紙は、各宛先教会の現状を反映し、各教会に対する称賛や厳しい批判が述べられています。国家権力によるキリスト教会に対する苛酷な迫害下にあっても、信仰を堅持し、忍耐と愛の業に励んでいる教会に対しては、称賛と慰めと希望のことばを書き送り、迫害に遭遇し、動揺し、生ぬるい信仰に生きる者に対しては、悔い改めと、正しい信仰の覚醒を求め、鋭い警告を発しています。これは長い手紙です。本書に出てくるこの「七つの教会」はいずれも本書の著者にかかわりの深い教会ですが、「七」という数字は、古代社会一般に通用する完全数です。黙示録の中では、七つの何とか、七つの云々と繰り返し出てくるように、それは同時にキリスト教会全体をも意味している、といえます。この「七」という完全数が示しているように、それは同時にキリスト教会全体をも意味している、といえます。また四章以下の、本来の黙示の部分の内容から推定して、本書は、ドミティアヌス帝の治世（八一―九六年）の末期の、ローマ帝国のキリスト教に対する国家規模の大迫害という切迫した状況のもとで執筆されたと考えられます。国家権力による激しいキリスト教徒弾圧という状況下において、教会の人びとに対し、著者はキリストの証人として迷うことなく毅然と生きることを勧告し、同時に、イエス・キリストの父なる神と、キリストと、そしてキリストに招かれた者とが共に住む新しいエルサレムの到来の希望を与えているのです。ドミティアヌス帝の治世のキリスト教弾圧というのは、西洋史家の人たちがキリスト教徒弾圧についてかなり学問的に確かな書物を公刊しています。（松本宣郎著『キリスト教徒大迫害の研究』一九九一年）歴代のローマ皇帝がキリスト教徒を絶えず迫害したのではなく、キリスト教徒を組織的に帝国内全域にわたって迫害したのは、ドミティアヌスであって、それ以外の皇帝は特定地域に限定された迫害が多く、且つ皇帝礼拝を強要したのではなく、地域の、例えば小アジアのエフェソやその他、ラオディキアとその他の人たちが皇帝礼拝をする神殿を建てたいから、という申請を出しているのです。そういうことを示す碑文が発見されているのです。、有名なスエトニウスとかタキトゥス（五五年から一二〇年頃活躍したタキトゥスは歴史家です）や哲学者のセネカなどの同時代の歴史家や思想家たちは、ローマ皇帝自身が「皇帝礼拝」を強制したのではなく、むしろ住民（特にアジア系の人たち）が偉大な支配者を神として崇める習慣があり、民衆が要請したことを示す記述を残しているのです。マカベア書第一書、第二書などにありますけれども、あのマカベア戦争は、紀元前一六八／七年頃起ったのですが、シリアのセレオコス家の王アンティオコスII世エピファネスの時代です。この王が自分の支配している国民に対して、国王や皇帝を神として崇めよ、と強要したというようなケースももちろんあります。しかし、小アジアの各地の住民が自分たちの都市に皇帝の神殿をつくりたいと願ったケースが沢山あるのです。それによって税金の免除をはじめ種々の恩恵にあずかるという思惑もあったのです。そういう皇帝礼拝を強いたり、キリスト教徒迫害を組織的に行ったのはちょうど、黙示録の著者が戦う相手になったドミティアヌスです。それへの言及が黙示録の一三章あたりから出てくるのです。もちろん皇帝ネロによるキリスト教徒迫害は組織的なものではなくて、ある都市に限定されていたのです。

3　黙示録の構成について

黙示録の著者は非常に変化に富む伝承資料を駆使しながら（ヨハネの黙示録は旧約聖書とユダヤ教文書の伝承から借用しています。また、古代オリエント神話まで援用しています）、すぐれた構想のもとに、組織的に整えています。すなわち一章は、はじめのことば。そして二章は本論その1として、小アジアの七つの教会に対する称賛と訓戒と警告。それが、四章から二二章の五節まで。このあたりがいわゆる黙示文学の典型的な主要部分になるわけです。ですからわたしは、それを大きくⅠ、Ⅱ、Ⅲと分けたのです。「はじめのことば」と「本論」です。本論その1と本論その2です。

「本論その1」は著者と同時代の七つの教会に対する均斉のとれた七つの手紙から構成されています。その七つの各教会は、現状に応じて、著者から誉れと訓戒を受けています。もっとも称賛されているのは、貧困と困窮の中にあってもなお、神の言葉を守り、強靱な信仰と希望と豊かな愛に生きるフィラデルフィアの教会の人びとです。それと対照的に、厳しい批判を受けているのは、「冷たくもなく、熱くもない、なまぬるい」信仰生活をおくっているラオディキア教会の人びとです。これらの箇所は全体でもって二〇〇キロ以内の距離ですから、ひとつの教会からほかの教会までが、大体五〇キロから七〇キロから八〇キロくらいの位置関係にあります。そういうことから、わたしたちは、小アジアにおけるキリスト教会に関する貴重な歴史的情報をこれから知ることができるのです。そしてさきほどから繰り返し言っていますように、ヨハネ教団と重なる資料が提供されるのです。

そして「本論その2」として、四章から二二章（五節）までです。これは本書全体の四分の三の分量を占めています。この箇所が、厳密な意味で「黙示」の部分である、と言えます。ここにおいて、著者は、「聖Holiness」、「十全Fullness」を意味する「七」という数字を基調として、悪魔的勢力に打ち勝つ、終末時に来臨する「勝利者キリスト」の働きと、神の国実現の展望を、以下のごとく、組織的に展開しています。もう一つは、先年反社会的行為を行った新々宗教の指導者まで使った黙示録中のヘブライ語のハルマゲドン（Harmagedōn）です。こちらでは、ヘブライ語聖書、そのギリシア語訳（セプトゥアジンタ）では、それがメギド（Mageddō）です。ハルが山ですから、ハルマゲドン（Harmagedōn）となります。それゆえ、「七十人訳聖書」（セプトゥアジンタ）では、マゲドーン（Mageddōn）です。これはもちろん、ヨシヤの、宗教改革した、旧約聖書の、ヨシヤが戦死するメギド（Megiddō）の戦いのあった平原です。エジプトの王ネコと戦ってヨシヤ王が戦死した場所です。そのハルマゲドンや、六六六という象徴的数字も興味深い記録です。この数字をめぐっていろいろの解釈がなされていますが私は、「人間に勝る神の子イエス」の八八八と、七七七の示す人間それ自体、と、それから、人間以下の存在としての六六六であるキリスト者を迫害する歴代の皇帝、ということを象徴的に言っているのではないかと思っています。

結論として、ヨハネ黙示録の神学思想の特徴を七つにまとめますと、次のように言えるのではないかと思います。ヨハネ黙示録の著者が意図したのは、日常生活を終末論的な視点、しかも終末論的視点といいますのは、未来の終末論（Futuristic Eschatology）すなわち、わたしたちの時間、歴史の延長上のある時点で神の裁きがあるという、未来の終末論（Futuristic Eschatology）の視点から現在の状況というものを見て描写している。これが第一点です。第二は、富と権力機構の絶対化されている存在、これを象徴的に表現していますが、具体的にはローマ帝国を示しています。しかしローマ帝国に限らず、富と権力を絶対化しようとすることに対して批判的に係わる「支点」を得ている者、すなわち、信仰者の理解が展開されていると言うのが黙示録のもう一つの側面であると言えます。それから三番目は、神の視点に思いを馳せることが必要なのです。例えば、宇宙飛行士が、宇宙へ行き、地球を「人工衛星」から見て、精神的に障害を被るようなショックを受ける人と、それから牧師になる人が出たという報告を読みましたが、これを「神の目」と言った評論家がいました。要するに、少し別の視点から自分の住んでいる地球というものを見たときに、宇宙の不思議さと自分の住む地球のはかなさを知り、大きな衝撃を受けて精神的に不安定になるか、あるいは、信仰的になるか、どちらかになるという意味のことを、言っていたのです。このヨハネ黙示録の著者はイエス・キリストを媒介として、神の視点、神の目で見ることができる、というキリストの幻視体験から、地上の善悪の戦いの結末を見ているのです。言いかえるならば、天の世界、天界における神とサタンの争いの結末が、地上にその戦いの結末の残滓といいますか、残りかすが地上に止まっているという視点から描写しているのです。すなわち、もう結末は既に見えているという視点からヨハネ黙示録の著者は執筆しているのです。それは、現代的なわたしたち、信仰者の立場からしますと、それは、永遠から永遠にいます神と、それに敵対する者の有限性を見事に示している、と言えるのです。有限な存在が、無限の存在のもとにおける戦いに敗れるということを既に見ているということです。それゆえに、有限のもたらす失望を受け入れなければならないときもある。しかし有限は、まさに「限りがある」のです。それゆえ無限の希望に生きることが可能となる、ということなのです。すなわちこれは信仰者のものの見方です。無限の存在のもたらす希望は失ってはならないという慰めに満ちた励まし、あるいはものの見方をヨハネ黙示録の著者は迫害下にある人々に提示しているのです。ヨハネ黙示録はフィクションではないということです。小説家が書くようなフィクション、虚構、つくりごと、絵空事の世界ではないということです。すなわち、現実と矛盾しない豊かな観念上の想像力をもった人物のイマジネーション、想像力とその結実をヨハネ黙示録の中に、わたしたちは見ることができるのです。しかしこの場合でも、旧約聖書と初期ユダヤ教の、後期の（これは時代の区分の仕方で、以前は「後期ユダヤ教」などという言い方をしたのですが、今日の学問の基準では不適切です。）ユダヤ教諸文書は、黙示文学共通の伝承、たとえばダニエル書七章七節や、あるいはカナンの神話、七頭のへび、あるいは数字の比喩など、すなわち、旧約偽典、外典、それと古代オリエント神話、そういうものをふんだんに援用して、キリストを媒介とした神理解を展開していると言ってよいのです。そしてその内容はあくまでも、地中海世界全域に、組織的に皇帝礼拝を強いた、ドミティアヌス時代のローマ帝国支配の、地中海世界の史実（Histrical Fact）を背景にしつつ、信仰の領域の事柄、すなわち、終末の希望を力強く述べている文書がヨハネ黙示録なのです。

最後に、これは現代に通じることですので結論の三のところで、「ヨハネ黙示録と現代」について記しました。黙示録を通して何が現代人に対して示されているかと申しますと、神ならぬものを神とするイデオロギーと、それに基づく社会や国家体制――言いかえるならば、イエス・キリストの愛に基づかない権力と武力による支配――は、必ず崩壊するという信仰の確信が、黙示録の著者によってわたしたちに告げ知らされているということです。すなわち、これを別の言葉で言いますと、一つの国の国力とか、文化の質の高い低いというものを、何によって、わたしたちは量（はか）るのかという問題を、黙示録の著者は、読者に突き付けているのです。すなわち、国力や軍事力や経済力や、あるいは、国家体制の強化とか、そういうものの多寡で一つの国の実力を測るのか、あるいは別の測り方があるのか、という問題に通ずるのです。それをヨハネ黙示録の著者は当時のキリスト者たちに、迫害されている状況の中で示したのです。同時に現代のわたしたちにもそのような問題の提起をしているのです。

参考文献

一―四章の参考文献（直接引用した邦語文献のみ）
J・L・マーティン著『ヨハネ福音書の歴史と神学』（川島・原共訳）日本基督教団出版局　一九八四年
S・サフライ、M・シュテルン編著（土戸・長窪・川島他訳）『総説・ユダヤ人の歴史』全三巻
新地書房　一九八九―一九九二年
土戸清著『ヨハネ福音書研究』創文社　一九九四年
土戸清著『初期キリスト教とユダヤ教』教文館　一九九八年
土戸清著「ヨハネの手紙一、二、三」『新共同訳聖書新約聖書略解』（共著）日本基督教団出版局　二〇〇〇年
土戸清著「ヨハネの手紙一・一章一―一〇節（釈義）」『アレテイア』
日本基督教団出版局　二〇〇一年三月一日　四三―四八ページ

五章の参考文献（直接引用した邦語文献のみ）
佐竹明著『ヨハネの黙示録』上、下　新教出版社　一九七九―一九八九年
佐竹明著『黙示録の世界』新地書房　一九八七年
佐竹明著「ヨハネ黙示録」『聖書セミナー』№9　日本聖書協会　一九九三年　五九―一三五ページ
土戸清著『現代新約聖書入門』日本基督教団出版局　一九七九、一九九一（九版）、一七九―一八四ページ

本書は二〇〇一年四月二十六日から六月二十一日まで、東京・銀座の教文館ホールを会場にして開催した第十七回「聖書セミナー」の講義記録に一部補筆したものです。

聖書の引用は原則として「新共同訳」によるものです。

今回の『聖書セミナー』No.11は、一九九四年のNo.10以後七年の間をおいての発行になります。各地で行われた聖書普及懇談会などで、セミナーに参加できない方々から発行のご希望をいただき、再度発行することになりました。この講義録が聖書の理解を深めるためにお役に立つことを願っています。

二〇〇二年十一月

日本聖書協会　聖書図書館

著　者　紹　介

土戸《つちど》　清《きよし》

1933年生まれ。東京神学大学大学院修了。京都大学博士（文学）。

1969年～1971年ニューヨーク・ユニオン神学大学大学院（コロンビア大学大学院留学）。

現在，学院大学大学院教授，日本新約学会会長，国際新約学会会員，日本基督教団大森めぐみ教会牧師。

著書：『現代新約聖書講解』新地書房　1984年

『大学教育とカウセリングマインド』新地書房　1987年

『現代新約聖書入門』日本基督教団出版局　1991年

『ヨハネ福音書研究』創文社　1994年

『聖書のこころ』教文館　1994年

『人間教育とカウンセリングのこころ』教文館　1994年

『私たちの使徒行伝』つのぶえ文庫　新教出版社　1994年

『聖書に聴く――現代教育の諸問題――』日本伝道出版社　1995年

『規範なき時代の宗教』教文館　1997年

『初期キリスト教とユダヤ教』（聖書の研究シリーズ51）教文館　1998年

『ヨハネ福音書のこころと思想』教文館　Ⅰ巻2001年，Ⅱ巻2002.6，Ⅲ巻2002.11

訳書：A.リチャードソン著『新約聖書神学概論』（共訳）日本基督教団出版局　1967年

S.サフライ，M.シュテルン編著『総説・ユダヤ人の歴史』（共訳全３巻）新地書房　1989-1992年

聖書セミナー　バックナンバー

No. 1　「旧約聖書の世界」 池田　裕
「新約聖書における女性の位置」 荒井　献（品切れ，再版予定なし）

No. 2　「古代オリエントの文学と旧約聖書」 池田　裕
「聖書を知らないことはキリストを知らないこと」
—聖書とアポクリファ— 本田哲郎（品切れ，再版予定なし）

No. 3　〈「聖書 新共同訳」記念〉
「旧約聖書とそれを貫くもの」 左近　淑
「イエスのたとえ」 川島貞雄　（品切れ，再版予定なし）

No. 4　〈ヘブライズムとヘレニズム〉
「ギリシア・ローマの文学と聖書」 川島重成
「旧約聖書の想像力」 並木浩一　1,784(本体1,699)円

No. 5　〈聖書と知恵〉
「古代エジプト人の知恵・「教訓文学」 屋形禎亮
「旧約聖書の知恵」 西村俊昭　1,529(本体1,456)円

No. 6　〈預言と黙示〉
「旧約聖書における預言とメシア」 木田献一
「初期キリスト教における信仰と自然」 大貫　隆　1,529(本体1,456)円

No. 7　〈律法・パウロ〉
「律法の精神と福音」 鈴木佳秀
「パウロとその時代」 高橋敬基　1,886(本体1,796)円

No. 8　「歴史の中の旧約思想」 月本昭男
「新約聖書の世界」 長窪専三　1,886(本体1,796)円

No. 9　「旧約における主流と反主流」 荒井章三
「ヨハネ黙示録」 佐竹　明　1,784(本体1,699)円

No.10　「出エジプトの神」 木幡藤子
「ヘブライ人への手紙の魅力」 川村輝典　1,733(本体1,650)円